马克思主义理论博士文库

徐晓风◎主编

本书是黑龙江省教育厅人文社会科学研究项目(12542112)的结题成果

马克思主义女性主义理论解读

MAKESIZHUYI NVXINGZHUYI LILUN JIEDU

单丹丹◎著

黑龙江人民出版社

图书在版编目（CIP）数据

马克思主义女性主义理论解读／单丹丹著. — 哈尔滨：黑龙江人民出版社，2016.8(2021.3重印)
ISBN 978 - 7 - 207 - 10795 - 4

Ⅰ. ①马… Ⅱ. ①单… Ⅲ. ①马克思主义—妇女学—研究—中国 Ⅳ. ①A811.64

中国版本图书馆 CIP 数据核字(2016)第 207913 号

责任编辑:刘恺汐
封面设计:张　涛　李德铖
责任校对:秋云平

马克思主义女性主义理论解读
单丹丹　著

出版发行	黑龙江人民出版社
地　　址	哈尔滨市南岗区宣庆小区 1 号楼
邮　　编	150008
网　　址	www. longpress. com
电子邮箱	hljrmcbs@ yeah. net
印　　刷	三河市华东印刷有限公司
开　　本	787×1092　1/16
印　　张	11.5
字　　数	190 千字
版　　次	2016 年 8 月第 1 版　2021 年 3 月第 2 次印刷
书　　号	ISBN 978 - 7 - 207 - 10795 - 4
定　　价	26.00 元

法律顾问：北京市大成律师事务所哈尔滨分所律师赵学利、赵景波

总　　序

自从马克思主义产生以后,便以其自身独特的理论阐释和实践向度,成为人类思想宝库中的重要组成部分。160余年以来,马克思主义对人的本质、人的需要、人的全面发展、人的自由、历史的基础与动力、社会的基本矛盾、社会的公平公正、现代性批判、资本主义危机、阶级剥削与革命、社会意识形态,乃至唯物辩证的思维方法等众多理论都提供了自身创发性的阐释。20世纪新马克思主义的众多流派,无论是欧洲大陆的法兰克福学派、结构主义马克思主义、存在主义马克思主义、现象学马克思主义、东欧马克思主义,还是英语世界的分析学派的马克思主义、实用主义的马克思主义,都曾在某一特定时期粉墨登场,它们成为人类社会思想发展史中的一股重要的力量。尤其可喜的是,新世纪之初,生态学马克思主义、女权主义的马克思主义、文化的马克思主义、后马克思主义、发展理论的马克思主义等马克思主义流派,从一种新的视角进一步彰显了马克思主义的当代价值。

自从马克思主义在20世纪之初传入中国以来,无论是在中国的历史革命时期,还是在社会主义社会的建设时期,都发挥了巨大的思想引领作用。公允地讲,当代中国社会所呈现出的发展程度和水平,显然与这样一种理论是分不开的。马克思主义在中国的发展具有一个鲜明的特征,即它总是与中国独具特色的文化传统、社会现实紧密结合,正因此便产生了有中国特色的社会主义理论。邓小平理论、"三个代表"重要思想、科学发展观、社会主义荣辱观、社会主义和谐社会理论,乃至"以人为本"的执政理念、"与时俱进"的发展观念等,都呈现出马克思主义在中国社会发展中的强大社会功能。

马克思主义之所以具有长期的生命力和价值,一个最为基本的原因是,这一理论始终兼具科学性、实践性、批判性、现实性的思想品格。因此,如何基于经典马克思主义的思想文本,以及现当代新马克思主义的思想成果,并结合当代中国社会发展的现实问题,去不断地实现马克思主义的中国化、时代化与大众化,显然是社会主义中国彰显马克思主义生命力和价值的一个必然要求。我们之所以编辑出版《马克思主义理论博士文库》,其初衷也是力图通过将马克思主义理论与当代中国社会发展紧密联系起来,去诠释、丰富和发展马克思主义理论,以便尽可能在马克思主义生命力和价值的彰显中,展现出我们对一系列相关问题的审慎思考。

当然,我们之所以能够呈现这些著作,是与哈尔滨师范大学政法学院思想政治教育专业以及马克思主义理论学科的发展建设紧密相连的。

政法学院政治系所拥有的思想政治教育专业,其前身是哈尔滨师范专科学校(哈尔滨师范大学的前身)所属的政治科,为专科专业,1955年开始招收专科生。1956年哈尔滨师范专科学校改名为哈尔滨师范学院,1958年组建政史系,包括政治和历史两个本科专业,开始招收本科生。1959年全国院系调整,政治和历史分家,组建政治教育系,原政治专业改名为思想政治教育专业,为师范本科专业,隶属于政治教育系。2008年哈尔滨师范大学政法学院成立,思想政治教育专业隶属于政法学院政治系。迄今为止,思想政治教育专业的发展已近一甲子,这是一个具有光荣传统,并为黑龙江的教育、文化和社会发展做出过重要贡献的专业。本专业的几代广大师生通过长期的艰苦创业,在学科、学位建设上不断取得了可喜成绩。自 20 世纪80 年代以来,该专业长期成为黑龙江省教育厅重点本科专业。1987年思想政治教育专业首次成为黑龙江省本科重点专业,2007 年被增补为黑龙江省"十一五"省级重点专业,2011 年被评为黑龙江省"十二五"省级重点专业。2009 年,"马克思主义基本原理教学团队"获黑龙江省优秀教学团队。2010 年,思想政治教育专业成为教育部第六批高等学校特色专业建设点。

在强有力的专业支撑下,政法学院马克思主义理论学科建设也获得了长足的进展,该学科长期成为黑龙江省人社厅、教育厅重点学科。2001 年思想政治教育学科便获得黑龙江省"十五"重点学科,2005 年马克思主义理论与思想政治教育成为黑龙江省人力资源和社会保障厅重点学科及带头人梯队,2006 年马克思主义理论学科成为黑龙江省"十一五"一级重点学科,思想政治教育成为黑龙江省"十一五"二级重点学科。2011 年马克思主义理论成为黑龙江省"十二五"一级重点学科。

在学科带头人的带领下,学科全体成员在稳步提高现有学科的科研学术水平和加强现有主要研究方向的科学研究基础之上,进行了马克思主义意识形态的大众化,国外马克思主义与当代中国社会发展,文化媒介化与主流意识形态的建构,关于东北老工业基地振兴中的文化转型,黑龙江省文化资源的评估和文化产业的发展,日、韩、俄文化与我省地域文化比较,黑龙江省与日本、韩国、俄罗斯能源经济技术合作潜力及比较优势,俄罗斯、韩国、日本等东北亚地区的区域经济文化发展等诸多方面的研究,这些研究使学科的研究方向更具多元化与特色化。同时,学科梯队成员也积极主动地参与到推进理论服务于社会的活动中,现在已基本建立起知识方面的创新机制和实践模式。学科成员借助承担国家级、省部级重大现实问题研究项目的契机,积极地进行了诸多重大前沿课题的攻关,并研究出具有实际运用价值的重大理论研究成果。基于此,学科力图使基础和应用研究同步协调发展,使科学研究的整体水平在黑龙江省乃至全国居于领先地位,并力争在国际同类研究领域享有较高的学术声誉。正是有了这样的研究,在黑龙江省教育厅"十一五"省级重点学科建设情况评估验收中,马克思主义理论重点学科被评为优秀,在黑龙江省人力资源和社会保障厅2008—2009年度省级重点学科、专业带头人梯队建设检查评估中,马克思主义理论重点学科及带头人梯队被评为优秀。

借助专业和学科的大力发展,我们在学位建设方面也取得了一定的成绩。经过马克思主义理论学科全体成员的长期努力,2003年我们获得了马克思主义理论与思想政治教育(法学门类中政治学一级学科中的二级学科)博士点。2005年12月23日,国务院学位委员会、教育部发布《关于调整增设马克思主义理论一级学科及所属二级学科的通知》(学位[2005]64号)。通知指出:根据《中共中央国务院关于进一步加强和改进大学生思想政治教育的意见》和《中共中央关于进一步繁荣发展哲学社会科学的意见》精神,为了加强马克思主义理论体系研究、马克思主义发展史和马克思主义中国化研究、思想政治教育研究,推进党的思想理论建设和巩固马克思主义在高等学校教育教学中的指导地位,加强高校思想政治理论课建设、培养思想政治教育工作队伍,经专家论证,决定在《授予博士、硕士学位和培养研究生的学科、专业目录》中增设马克思主义理论一级学科及所属二级学科。新增设的马克思主义理论一级学科,暂设置于"法学"门类内,下设五个二级学科,即"马克思主义基本原理"、"马克思主义发展史"、"马克思主义中国化研究"、"国外马克思主义研究"、"思想政治教育"。政治学一级学科下的"马克思主义理论与思想政治教育"二级学科调整到马克思主义理论一级学科下,分别归入"马克思主义基本原理"和"思想政治教育"二级学科。于是2005年,我们便拥有了两个"马克思主义理论"二级学科博士点,同年,经申报我们又获得了"马克思主义中国化研究"博士学位授予权。2006年,我们获得马克思主义理论一级学科硕士学位授予权。2008 年国务院学位委员会、教育部又增设了"中国近现代史基本问题研究"二级学科。

截至目前,我们的马克思主义理论学科共拥有 1 个马克思主义理论一级学科博士后流动站(由人事部和博管办设立,2007 年 5 月获批,2008 年开始招收博士后工作人员),3 个马克思主义理论二级学科博士学位授予点,1 个马克思主义理论一级学科硕士学位授予点(涵盖马克思主义基本原理、马克思主义发展史、马克思主义中国化研究、国外马克思主义研究、思想政治教育、中国近现代史基本问题研究等 6 个二级学科硕士点)。

以政法学院马克思主义理论博士点为依托,黑龙江省社科规划办 2003 年在我院设立了"黑龙江省边疆经济与文化研究基地"(2009 年更名为"黑龙江省边疆历史与文化研究基地"),黑龙江省教育厅 2006 年在我院设立"高校思想政治教育研究基地"。2007 年 7 月,哈尔滨师范大学被批准为教育部高校辅导员培训和研修基地,成为全国首批 21 个高校辅导员培训和研修基地之一,这是黑龙江省目前唯一的一个研修基地。

通过开展深入的科学研究,马克思主义理论学科一直致力于培养一批高素质的一流学术带头人和中青年学术骨干队伍。学科在培养硕士、博士、博士后等高级专门人才方面不断取得新进展。同时,学科也为社会各界人士提供了以知识创新为主要内容的短期培训,并借此努力建成全省乃至全国知名的人才基地,充分发挥人才库的作用。

马克思主义理论学科研究方向明确,近些年来主要具体围绕以下六个方面的问题进行了系统研究:(1)高校思想政治教育基本理论与实践问题;(2)国外马克思主义基本理论与当代中国社会发展问题;(3)中国化马克思主义的理论依据及经验教训;(4)当代唯物史观前沿问题;(5)文化媒介化与意识形态问题;(6)高校思想政治教育中的网络文化与意识形态问题。本学科目前相关研究成果处于省内领先、国内知名的水平。

马克思主义理论学科的研究特色主要有以下三个方面:(1)立足于黑龙江高校大学生的实际情况来进行大学生思想政治教育,以此来提出构建和谐校园的具体路径;(2)立足于当代社会思想现状来展开马克思主义意识形态大众化方面的研究,学科围绕这一方面展开了主流意识形态教育体系、龙江高校思想政治工作教育、和谐社会视阈中审美教育价值、青年大学生信仰问题、推动当代中国马克思主义大众化的实践经验等方面的研究。基于此,学科成员探索了新时期思想政治教育的途径和方法;(3)立足于马克思主义发展史来展开思想政治教育中的意识形态问题研究,学科成员围绕这一方面展开了社会主义核心价值体系对思想政治教育资源的整合功能、马克思主义意识形态革命论、基础与创新:毛泽东思想与中国特色社会主义理论体系联系、大学生主流意识形态教育体系等方面的研究。学科成员还探索了马克思主义意识形态教育的基本原理和践行方法问题。

从整体上讲,马克思主义理论学科的理论研究一直注重为黑龙江乃至东北地区的社会发展服务,这主要体现在:立足于黑龙江高校大学生的实际情况来进行大学生思想政治教育问题研究,立足于黑龙江社会发展实际来进行东北老工业基地振兴中的文化转型等方面的研究,立足于当代中国社会思想现状来展开马克思主义意识形态大众化方面的研究。同时,我们多年来也以国家"马克思主义研究"工程相关研究内容为主要科研方向,重视将学科建设与马克思主义高级人才培养结合起来,利用学位点及博士后流动站优势招收一大批优秀人才,帮助他们迅速成为本单位事业发展和科学研究的骨干力量;重视学术交流平台建设以加强东北亚地区国际学术交流与合作,加强与俄罗斯、韩国、日本等东北亚国家的学术交流与科研项目合作,拓展本学科学术研究的国际视野和国际影响力;重视学生的社会实践能力培养,依据学科成员力量,我们一直注重培养学生的社会实践能力。从1984年开始的"暑期大学生三下乡活动",至今已近28

年整。2006年12月8日,政法形式政策宣讲服务团及全国其他121个"三下乡"社会实践服务团,获得了全国大中专学生志愿者暑期"三下乡"社会实践活动优秀团队称号。

以上是我们对哈尔滨师范大学政法学院思想政治教育专业和马克思主义理论学科的简要回顾和介绍。《马克思主义理论博士文库》所呈现的著作,正是哈尔滨师范大学政法学院思想政治教育专业和马克思主义理论学科教学和研究成果的一个阶段性展示,将陆续出版学科优秀研究成果,我们有信心将这一出版计划坚持下去。最后,谨向对我院思想政治教育专业和马克思主义理论学科教学、研究和建设做出贡献的各级部门和各位老师、专家们表示我们最诚挚的谢意!真诚希望这些部门和老师、专家们继续支持我们,同时也恳请专家学者们对于我们的出版计划提出宝贵的建议,以便《文库》今后的出版越来越好,从而在当代中国社会文化大发展、大繁荣的时代做出我们应尽的义务!

哈尔滨师范大学马克思主义理论学科组

2013年5月7日

自　　序

　　作者为《马克思主义女性主义研究》一书的撰写,付出了很多的努力与艰辛,才得以完稿出版,在撰写过程中,得到了此领域很多的专家学者的鼓励与学术支持,为更好完成此书注入了极为丰富、珍贵的内容及材料,为更好地解读马克思主义女性主义理论提供了更为深刻的诠释。

　　女性问题研究已经成为当代思想界非常活跃的研究方向,对妇女问题的理论研究也已从传统的妇女解放理论中分离出来,成为一个涵盖哲学、政治学、社会学、经济学和其他学科的综合理论研究。女性主义研究的内容涉及人性、生存、发展、解放和其他重要的哲学问题。所以,在马克思主义的理论范畴内对这些问题予以研究与探讨具有积极的意义。

　　在马克思主义女性主义基本的框架下,对理论内的主要内容做梳理,研究马克思主义女性主义给现代女性提供了怎样的平台,在此基础上指导了女性发展的实践,以及对当代女性发展的积极意义。从理论到现实,剖析马克思主义女性主义在女性发展的过程中所起到的积极的作用。

　　虽然还没有形成全社会参与的热门讨论,但已经足够鼓舞人心。任何观念的革新,都必然是一个漫长的过程,但它也必然是从许许多多的普通人意识到问题存在而开始的。我们的社会还处在一个相当初级的阶段,很多时候,你会觉得像置身一个精神的无边荒漠。但是,新的观念,会像水滴一样,一点一点渗透,最终汇聚成奔腾的河流,让每一个普通人沐泽其中。

　　因此,女性真正的解放之路还很漫长………．

今后的研究道路还很长，无论遇到怎样的困难，都会一如既往地创新自己的思想观点、挖掘知识的社会及实践价值，也必会向着这个目标努力和前行。本书效果如何，由读者评说。

作　者
2016 年 5 月 1 日

前　言

　　马克思主义女性主义是一个统称,有时被称为女权主义的马克思主义,国内学界的研究中对此并没有统一的界定,陈学明先生把马克思主义女性主义看作是东欧剧变后在西方学术界日趋活跃的一股社会思潮,张一兵先生把马克思主义女权主义看作是与生态学的马克思主义并列的后马克思的思潮,美国学者贝特尔·奥尔曼把它作为西方马克思主义研究中而且是作为后一意义上的十个流派之一,段忠桥先生认为英美女权主义的马克思主义是随着苏东社会国家的解体,妇女解放再次成为左翼学者关注的一个问题的背景下发展起来。笔者所要研究主要是指产生于西方20世纪60年代开始的第二波女权运动、以女性主义与马克思主义结合为其理论框架的理论流派,在实际的指称中,包括马克思主义女性主义、社会主义女性主义或唯物主义女性主义等不同名称。妇女受压迫和自由解放问题的探讨和研究由来已久,马克思对妇女解放问题表达了深切的关注,最早体现在《1844年经济学哲学手稿》中。通过对妇女解放问题的研究,马克思、恩格斯提出了"妇女解放是人类解放的题中之义","只有在人类解放的进程中,妇女才能真正实现解放"的思想。后来的经典马克思主义者都把妇女解放问题纳入到人类解放的总体意境中进行探讨,用历史唯物主义的观点分析了包括妇女在内的被压迫阶级的解放问题。

　　女性主义的各个流派从不同维度深入分析了女性在经济、政治、意识形态等方面所受的压迫,从各种具体领域中探索女性解放的有效途径,提出了许多引人注目的思想观点。马克思主义女性主义者对被压迫妇女的深切关怀表现突出,她们立足于女性特有的性别视角,追溯女性受压迫的根源,表达出实现妇女解放的价值旨趣。马克思主义女性主义是20世纪六七十年代在女性主义流派中出现的一个理论派别，它作为女性主义的主要流派之一，是女权主义与马克思主义结合的产物，马克思主义女性主义从唯物史观出发以马克思主义的妇女解放理论为基石，认为女性解放与社会主义的目标一致。劳动的性别分工或按性别的劳动分工是马克思主义女性主义讨论的焦点问题。马克思主义女性主义理论强调社会关系包括阶级、性别、地域等各种形式的关系，而且认为各种社会关系相互联系和制约。同时，马克思主义女性主义又是马克思主义精神在性别平等领域的继承和发扬，成为探讨女性地位、作用和贡献的重要理论工具。

马克思主义女性主义虽然继承了马克思、恩格斯的女性主义思想，但是对马克思女性主义理论的吸收仅仅是该派初期的发展特征，其主要的特征则是对马克思、恩格斯女性主义理论的质疑、修正和补充。经典马克思主义关于经济因素对妇女受压迫地位的影响的分析，透过女性主义视角对马克思主义的妇女解放观点进行了必要的改造；同时，作为女性主义中的重要发展流派，在批判地修正以往女性主义解放思想的基础上，用马克思主义的历史唯物主义观点来解释妇女所受压迫的根源，探索解放途径，呈现出独特的理论品质，在女性主义理论发展过程中具有独特的理论贡献。马克思主义女性主义者普遍运用了马克思主义的方法阐释了自己的女性解放理论，并一直认为只有在马克思主义的体系框架之内，才能充分理解妇女所受的压迫以及深入探讨妇女解放的途径。马克思主义女性主义的这一观点对于理解资本主义制度下妇女受压迫问题及探索妇女解放有效途径至关重要。

作　者

2016 年 5 月 10 日

目　　录

第一章 引 论

一、马克思主义女性主义理论研究的背景

马克思主义思想作为一种重要的理论,从它诞生至今,无论是在中国还是在西方,都具有重要的价值和意义。尤其是在当今中国,它已经成为一种主流意识形态,占据主导地位。随着时代的发展,人们思想的解放,如何立足于现实和适应时代发展要求,满足马克思主义理论的长远发展,发挥其内在的生命力和实现其当代价值,这对每一位研究马克思主义理论的工作者而言,都是需要值得认真考虑的问题。

从现今社会现实出发,女性问题已经成为研究社会发展现实问题的很重要切入点。全球妇女问题的研究,离不开西方女性主义思想,更不能做没有马克思主义思想的空洞争论。女性问题、全球化问题、知识分子问题,是当代人类发展史上的重大研究任务,尤其是妇女解放,它关乎人性,人类的生存,人类发展,人类解放等重大哲学问题,这些问题都在马克思哲学范畴之内。人类自诞生以来,就有了男性和女性之分,并且这种性别之分一直贯穿于人类历史全部发展过程之中。随着社会的发展,两性之间关系的表现形式不断变化,也产生了很多突出的女性问题。在21世纪,女性问题日益凸显并备受关注,它不仅是妇女解放运动长期以来迫切关注和解决的问题,更是世界和谐、和平发展的一个主题。女性问题不仅涉及女性权利的政治问题和家务劳动、经济独立等经济问题,更是关系到人类整体的生存状况和发展境遇的问题,是一个综合性的社会课题;对女性问题的解决程度,也是衡量一个社会文明程度的重要标尺,不仅如此,仅仅停留于政治和经济领域的女性解放并不是真正的女性解放。女性问题涉及领域如此之广,作用如此

之大,亟须加强对女性问题的理论研究。当然,对女性问题的研究,离不开我国的主导思想理论形态——马克思主义思想的研究。女性主义思想产生和发展于19世纪70年代的西方女权运动,其中,玛丽·沃尔斯通克拉夫特的著作《为女权辩护》与约翰·穆勒的著作《妇女的屈从地位》,可以说是女性问题研究的起源著作,它们从性别根源的角度寻找妇女受压迫的原因,主张人应该在平等的基础上寻求男女的性别平等,因为它特别强调女性特殊利益和女性团结的重要性,因此它在今日还有很大影响。她们的理论起源于法国的空想社会主义,在马克思,恩格斯和倍倍尔的影响下发展了马克思主义的妇女解放思想。她们从社会弱势群体和阶级的视角看待女性的生活现状,不是从与男性的比较关系中看待女性,因此理论视角也受到一定程度的局限,理论研究的程度相对浅薄。

众多的女性运动、理论争辩及女性主义理论者的参与,产生了马克思主义女性主义具有代表性的流派,它吸收各流派的合理内核并以马克思主义理论为基础,成为女性主义研究的最后落脚点和新的理论发展的起点。在我国,对马克思主义思想的理论研究,一直占据重要的理论地位,是女性理论者面临的热点理论课题。马克思女性主义的理论对于解决当代中国社会女性问题同样具有重要的借鉴和启示意义。最初接触到女性主义的著作时,被其丰富的理论内容和独特的理论视角所打动,但是对马克思、恩格斯的女性主义思想研究较少。后来,随着对马克思、恩格斯等人的著作的阅读量的增长,疑惑也逐渐减少。本论文主要研究的是马克思主义女性主义这一流派,它在女性主义研究领域具有丰富的理论内容和对现实的指导意义。它区别于其他的女性流派,因为它有自己的理论基础,不是空谈女性解放和两性平等;它又是开放的理论,积极吸收其他流派的精华和有价值的争论对象;它也是与时俱进的理论,既继承了马克思主义关于女性的理论,又发展、修正了马克思主义的女性理论。在研究与撰写期间,逐步理解了马克思、恩格斯的女性解放思想的本质和被很多学者误解的原因。虽然马克思、恩格斯不单只为致力于妇女问题著书立说,但他们关于女性问题的理论观点,在其作品中的体现无处不在。马克思、恩格斯从哲学的视角,从阶级的视角对女性问题的研究都是本文主要探讨的问题,也激励着笔者想要深层次地去挖掘、解读并且以新的角度去诠释这一流派带给理论者的研究空间。

二、马克思主义女性主义理论研究的意义

马克思主义女性主义是 20 世纪六七十年代出现的一个理论派别,它作为女性主义的主要流派之一,以马克思、恩格斯关于妇女的理论为依据,合理地解释了性别不平等的起源,提出了男女平等的目标,指明了妇女解放的道路,其中马克思主义的阶级分析理论、劳动分工理论、异化理论、劳动价值理论、人的解放的理论都为这一流派关于女性解放问题的研究提供了丰富的研究素材。马克思主义的女性主义者直接师承于马克思、恩格斯和其他 19 世纪思想家,他们也倾向于认同女性受压迫的终极原因是阶级歧视,而非性别歧视。妇女受压迫并不是个人蓄意行动的结果,而是个人生活于其中的政治、经济和社会制度的产物。因此要彻底解决女性受压迫的问题,就需要变革现存的政治、经济和社会制度,建立新的制度以促进妇女的解放。可以说,马克思主义女性主义者解决女性压迫问题是忠实于历史唯物主义的方法的,她们的理论主张是建立在马克思主义唯物主义历史观的基础上的,因此,具有重要的理论研究价值和意义。

女性的问题在当今社会备受关注,尽管女性主义的理论千头万绪,但最终的目标是要在全人类实现男女平等。女性主义理论的一个基本前提就是女性主义思想泰斗波伏娃所说的“第二性”。女性在政治、经济、文化、思想、人文、观念、伦理等各个领域都处于与男性不平等的地位,这将关系到人类的生存状况、人类的和谐发展的问题。鉴于女性问题研究已经成为当代思想界非常活跃的研究方向,对妇女问题的理论研究也已从传统的妇女解放理论中分离出来,成为一个涵盖哲学、政治学、社会学、经济学和其他学科的综合理论研究。所以,在马克思主义的理论范畴内对这些问题予以研究与探讨具有积极的意义。

对于马克思主义女性主义问题的研究,国内基本以论文的形式、以专题性角度进行研究。而详细地将女性主义的一个重要的流派——马克思主义女性主义理论作基本的理论梳理,并且把近几年来研究的热点和重点,放在发展中的中国的大背景下做研究很少。笔者基本宗旨是在马克思主义女性

主义基本的框架下,对理论内的主要内容做下梳理,从理论到现实,剖析马克思主义女性主义在女性发展的过程中所起到的积极的作用。

三、马克思主义女性主义理论研究的现状

纵观现有的研究成果,通常都以单独流派介绍为主、专题研究为主,主要原因可能是:第一,中西方文化的差异以及意识形态方面的对立导致了我们对西方的女性主义研究持怀疑态度;第二,由于研究的视角不同,众多流派对马克思主义女性主义理论不是十分重视;第三,马克思主义女性理论的研究还都停留在抽象的理论高度上,缺乏丰富的内容与深入的实践研究。

(一)国外研究现状

马克思主义女性主义产生于第二次浪潮中。20世纪60年代晚期开始,一直延续到20世纪70年代的女权复兴运动,在美国和欧洲争取女性投票权的女权主义者的最高成就,就是抗议女性不仅缺乏政治平等的权利,还包括家庭和性行为及工作领域内的不平等。这次运动被认为是女性主义第二次浪潮。这次浪潮通常被称为"妇女解放运动",这也从某种层面暗示了"解放"的不彻底性,它要求要给予妇女在一切生活和工作领域内的全部自由和平等,包括对自己身体方面和生育方面所拥有的控制权。女性主义第二次浪潮的突出特点表现在强调人格和突出反对作为一种文化的和意识形态结构的父权制度。在女性主义第二次浪潮中,出现了很多不同的思潮,它们有着不同的意识形态,不断地改变着运动的目标、方式和过程,因此相继出现了自由主义女性主义、社会主义女性主义、激进女性主义、存在主义女性主义、同性恋女性主义和精神分析的女性主义等流派。

纵观各种女性主义的思潮,主要出现了两种研究路径,分别表现在以下两个方面:(1)从资本主义私有制是妇女受压迫的原因的角度来探讨,认为只有消灭资本主义私有制,妇女才可以摆脱被压迫的附属地位。她们认为,主要原因是女性受压迫的资本主义制度,是资本主义制度将妇女限制在私人领域的家务劳动内。所以马克思主义女性者玛格丽特·本斯顿在她的名著《妇女解放的政治经济学》中提出,家务是解决问题的关键,家务劳动应该社会化。科斯塔和詹姆斯在他们的书中也提出了家务劳动工资化的想法。

（2）研究的另一个视角是分析批判资本主义和父权制，马克思认为在资本主义社会中，父权制是妇女受压迫的重要原因。在资本主义制度和父权制度对女性的压迫这个问题上学者们存在差异：一种是 20 世纪 70 年代末，海迪·哈特曼在《资本主义、家长制与性别分工》一文中对性别内部差异问题作了进一步探讨。她提出了"二元制理论"，指出在资本主义制度和父权制相互影响和共同作用下，产生了资本主义条件下的两性劳动分工。认为资本主义制度和父权制之间是两种独立运行但又相互适应、相互作用的社会制度。米切尔也建议妇女在生产、生育、性生活、儿童社会化这四个方面寻求解放的革命，同时，妇女为了获得彻底解放，必须将马克思的革命理论和弗洛伊德的精神分析理论结合在一起。哈特曼认为，在物质领域中的父权制的运作，其物质基础是女性劳动力的被控制，包括妇女不能获得重要的经济资源，妇女自己的生育能力也不能由自己掌控等。而一元制系统则用一个概念来分析资本主义父权制，认为资本主义无法和父权制相分离。代表人物是艾里斯·扬，她在《超越不幸的婚姻》中提出了性别分工的概念。持这两种论点的女性主义者们都企图用资本主义和父权制用来解释女性受压迫的原因，修正女性主义者在早期忽略性别特征分析的缺陷。

（二）国内研究现状

我国马克思主义的女性主义研究始于 20 世纪 60 年代。当时，随着人们思想的解放，朱丽叶·米切尔、海蒂·哈特曼、艾里斯·扬等西方女性主义代表人物的文章被翻译成中文，其思想被传进了中国。之后，一些学者开始专门翻译她们的著作，其中代表人物是中国的女性主义者李银河，他主编的《妇女：最漫长的革命——当代西方女权主义理论精选》是第一部中文女性主义译著。其他译著有：童著、艾晓明等翻译的《女性主义思潮导论》，王政、杜芳琴主编的《社会性别研究选译》，沃格尔著、虞晖译《马克思主义与女性受压迫：趋向统一的理论》，贾格尔著、孟鑫译《女权主义政治与人的本质》，沃斯通克拉夫特著、王秦译《女权辩护》，约翰·穆勒著、汪溪译《妇女的屈从地位》，多诺万著、赵育春译《女权主义的知识分子传统》等。在这个过程中已经出现了对西方马克思主义女性观的研究性的论文，如：王跃华、沃野撰写的《西方马克思主义的女权主义》，张国胜撰写的《当代西方的马克思主义

女权主义》，杜洁撰写的《西方马克思主义女性主义》，陈学明撰写《西方女性主义的马克思主义对资本主义全球化的独特批判》，戴雪红撰写的《性别与阶级》《女性主义的立场论研究评述》等等。2008 年华东理工大学人文科学研究院副教授、文化哲学研究所副所长秦美珠出版的《女性主义的马克思主义》著作是国内理论界对西方马克思主义女性主义研究的最新理论成果。

从上述理论结果可以看出，马克思主义女性主义理论越来越受到学者们的关注，学术研究越来越热烈。但在这些理论中，学者大多是介绍西方女性主义的观点，对马克思主义女性主义研究集中在解释上的很少，在女性主义特点上的分析不够深入透彻。同时，探讨马克思主义的理论维度和西方女权主义的局限性很少。本文正是基于马克思主义女性主义思想的理论基础，基于对女性的代表人物和观点的梳理，对马克思主义女性主义的女性解放思想总体特征进行总结，揭示这一流派和经典马克思主义与女性主义理论的思想渊源关系，并通过分析其理论价值和当代意义以及局限性，展示马克思主义女性主义的理论独特性，并探讨它的时代意义。同时，结合时代的特点，针对当代中国社会女性存在的问题，探讨马克思主义女性主义对中国妇女问题研究的重要指导作用。

四、马克思主义女性主义理论研究的可能创新之处

具体表现为：

（1）从历史的角度对马克思主义的女性主义按照时间顺序进行全面梳理和阐述，这既是对马克思主义理论的丰富和完善，也是对女性主义思想流派的进一步补充和完善。从哲学的角度，尤其是从马克思主义女性主义的理论视角探讨女性问题，而不是单纯地从政治层面和经济层面的角度研究，这在一定程度上摆脱了原来的局限性，从而为女性问题的深层研究开辟了道路。

（2）从现实角度，以当代中国女性存在的各种问题出发，具体阐述马克思主义女性主义的时代性和现实意义。解决女性问题，既是人类解放的本质要求，也是时代发展的必然要求，这将引领时代不断向前发展。

第二章　女性主义理论的历史沿革

　　人类的历史,不分地域、种族和阶级,女性一直处于辅助的作用。直到公元十五世纪开始,西方国家才开始对妇女有关于权利和价值观的论述。但女性主义社会运动的雏形,是1789年法国大革命革命女志士古杰发表的《妇女人权宣言》,自此,妇女有了奋斗的目标。所以,虽然妇女运动到今天只有200多年的历史,但它给人的启示和困惑却是世界上最令人震惊的。

　　在父权制的长期统治下,总是把女性作为男性的私有财产,并不能反映一个女人的能力和聪明,在15世纪的欧洲大陆,女性太聪明就会被称作是"女巫师",在封建社会的中国也强调"女子无才便是德",女人并没有被作为一个个体,而是作为男性的菟丝花,甚至卢梭也是这么认为的。卢梭指出,一个女子永远也不可能独立,无论如何她只是男人的尤物或者伴侣。女性主义学者沃尔斯考夫特批评了卢梭的说法,认为这样一个伟大的文学巨匠,竟然在这个问题上,充满了男性的自大和肉欲。沃尔斯考夫特认为女人应该被看成是具有理性行为能力的生物,而不应该把女性看成是依赖于男性而生存的动物。应该保护女性的心智,培养他们高尚的做人原则,使女性具有自我意识,像男人一般依靠人性本身的尊严接受挑战,而不仅仅是满足生理需要,女性可以成为更好的一性。

一、女性主义理论的历史背景

(一)马克思主义女性主义的概念界定

1. 何谓女性主义

　　女性主义一词,最早来源于法语的 Feminisme。根据研究显示,1880年一个名叫奥克利的人在法国成立了第一个妇女参政俱乐部,并首次提出"女性主义"这个词。但在之后的法国妇女团体或妇女杂志上,女性们虽然经常提到这个词,但温和的妇女平等派往往称自己的组织是"女性"而不是"女权主义"。直到20世纪初,"女性主义"才被法国女性接受并作为争取选举权运动的口号加以应用。对于"女性主义"的含义,不同的女性主义学者有着不同的理解。西蒙·波伏娃指出,女性主义是独立的针对女性的专门的阶级斗争理论,从事阶级斗争的女权主义者,通过阶级斗争,改变女性的境遇——甚至包括男人。吉尔曼也提出,女性主义是全人类女性的觉醒。凯特是这样为女性主义下定义的:反对世界的法律或习俗强行阻止妇女享有自由的人。

女性主义是什么?学术界一直没有形成"统一"的结论性定义。女性主义也被称为女权主义、女权运动,指的是为结束性别歧视,性别压迫和剥削,促进社会理论与政治运动的阶级平等发起成立的女性运动。除了对社会关系的批评,女性主义的分析也侧重于性别平等和基本的推广权利利益问题。女性主义的研究主题包括歧视、偏见、异化身体和父权制的压迫。女权运动是一个跨边界的阶级与种族的社会运动。女权运动在每一种文化中都有自己的特点,她们会根据各自的社会历史特点提出女性议题。如苏丹的女性主义者会提出生殖器切割(生殖器,女性割礼),北美妇女会提出玻璃天花板效应的问题,中国妇女会提出政治参与问题、女性劳动报酬较低、女性失业率、流产的问题、婚后居住在男方家所带来的男女不平等问题,媒体和社会观念中的父权(男权制)(Patriarchy)思想残余问题等。而如强奸、乱伦与母职则是普世性的议题。阿莉森·贾格尔提出,"'女性主义'一般用于指代所有致力于终结女性从属地位的组织和团体。"[1]事实上,"女权主义"是一个复杂的很难定义的词汇,它本身包含了许多思想派别,这些派别的观点又是根本不同或者不断变化的。女性主义理论既是对世界的思维方法,也是一种对世界的实践方式,是一种社会运动和社会实践。可以说,若将"女权运动"比作女性争取社会地位的政治武器,那么,女权主义就是女权运动的思想指导。因此,女性主义理论不是脱离现实的抽象的理论,它是建立在妇女的活生生的生活现实之中的理论。我们可以这样概括女性主义的内涵:首先,女性主义关注在全球范围内的受到男性压迫的女性的状况,它是一种独立的理论。其次,女性主义是一种思想意识形态,它以辩证法为基础挑战一切形式的女性的歧视。再次,女性主义是一种社会政治理想,试图寻求让所有的女性从现有的剥削中获得解放。第四,女性主义是一种社会运动,是对性别分工和阶级制度的对抗。总之,女性主义理论是在争取权利的历史运动中形成的,它帮助记录和促进女权运动的发展过程。一般学术上认为,"女权运动"与"女性主义"在概念上是可以相互替换的。只不过,"女权运动"更侧重女性的政治要求和在社会生活中对利益的追求,"女性主义"则具有系统展示女性运动发展过程的理论意蕴。

2. 何谓马克思主义女性主义

马克思主义女性主义是一个统称,有时被称为女权主义的马克思主义,国内学界的研究中对此并没有统一的界定,陈学明先生把马克思主义女性主义看作是东欧剧变后在西方学术界日趋活跃的一股社会思潮,张一兵先生把马克思主义女权主义看作是与生态学的马克思主义并列的后马克思的思潮,美国学者贝特尔·奥尔曼把它作为西方马克思主义研究中而且是作为后一意义上的十个流派之一,段忠桥先生认为英美女权主义的马克思主义是随着苏东社会国家的解体,妇女解放再次成为左翼学者关注的一个问题的背景下发展起来。这里主要是指产生于西方 20 世纪 60 年代开始的第二波女权运动、以女性主义与马克思主义结合为其理论框架的理论流派,在实际的指称中,包括马克思主义女性主义、社会主义女性主义或唯物主义女性主义等不同名称,这些名称表明它们不同的强调重点或使用了不同的概念,但所有这些概念都表明女性主义与历史唯物主义有着极其密切的关系。如果要作具体的区分,马克思主义女性主义指从马克思主义理论出发探寻在资本主义社会妇女受压迫地位的原因;社会主义女性主义从资本主义与父权制的结合对妇女受压迫地位进行探讨;唯物主义女性主义是从唯物主义角度探寻妇女受压迫的原因,它不是一个独立于马克思女性主义、社会主义女性主义的流派,我们可以把它看作是马克思主义女性主义、社会主义女性主义在后现代影响下发展起来的、具有后现代特征的一个阶段。[2]（要把这三者区分开来并不很容易,马克思女性主义与社会主义女性主义在方法论方面都信奉马克思主义,有人将海蒂·哈特曼称作"马克思主义女性主义

者",也有人将其称之为"社会主义女性主义者",沃格尔通常被认为是马克思主义女性主义者,但她自称是社会主义女性主义者。社会主义女性主义者与自由派女性主义者也非泾渭分明,有人将齐拉·爱森斯坦称为自由派女性主义者,也有人将其称为社会主义女性主义者。在方法上,社会主义女性主义也采用了精神分析派和激进派的一些术语或方法。在唯物主义女性主义中,既有马克思主义女性主义者,也有社会主义女性主义者,英、法女性主义者更喜欢"唯物主义女性主义",而不是"马克思主义女性主义"一词。)

(二)女性主义运动的历史回顾

女性主义运动历史悠久,最早可以追溯到文艺复兴时期,不过女性对从属地位的反抗比作为完整意识形态和实践的女性主义出现得更早。学术界一般将女权主义运动的历史分成三次关键性的浪潮。每次浪潮都被描述成处理同一些女权问题的不同方面的活动。

1. 第一次女性主义浪潮

女权主义运动的第一次浪潮是指 19 世纪中期到 20 世纪早期的妇女参政运动,这时的女性主义提出争取平等的权利和自由领域的机会,抗议女性所处的从属地位。他们要求性别平等,包括男女之间的生命过程是平等的,也要求公民权利、政治权利,反对贵族的特权、一夫多妻制。最重要的目标是争取家庭劳动与社会劳动具有同等价值的政治权利,通常被称为"女权运动"。大多数西方国家的妇女在第一次女性主义浪潮中,赢得了投票权,接受高等教育的权利,法律必须被认定为"个性"的权利。

现代女性主义的思想根源可以追溯到 18 世纪的启蒙思想运动。在当时女性主义强调古典自由主义延伸到女性的思想。自由可以被定义为压迫中的解放,道德上的自决,或者是个人幸福的权利。根据这一学说的内容,只有理性的生物才能够拥有自由,即由人类理性的特质和动物作区分,而启蒙思潮也以此学说作为发展的基石。然而,这里所谓的理性的生物并不包括女性。当涉及任何有关人类的词汇时,应当涵盖了男女两性,但是古典自由学家总是认为,女性无论在智力上或道德感方面,不仅与男性大不相同,甚至较为弱势。如,启蒙哲学家中的重要一员卢梭,他攻击所有的社会不公——但很显然地忽视了其中的一项。在一本有关教育的初期作品《爱弥儿》中,卢梭写道:"妇女和男子是彼此为了双方的利益而生的,但是他们和她们互相依赖的程度是不平等的:……男人没有女人也能够生存,而女人没有男人便不能够生存。""她们要依赖于我们的情感,依赖于我们对她们的功绩的估计和对她们的品貌的尊重。由于自然法则的作用,妇女们无论是就她们本身或就她们的孩子来说,都要听凭男子来评价的。她们不仅是应当值得尊重,而且还必须有人尊重;她们不仅是要长得美丽,而且还必须使人喜欢;她们不仅是要生得聪明,而且还必须别人看出她们的聪明……" [3]在英国,玛丽·沃斯通克拉夫特发表于 1792 年,被称为现代女性主义的宣言的"第一次女权主义作品"——《女权的辩护》向卢梭宣战,因为卢梭支持亚里士多德关于女性天生低能、缺乏理性的论点,同时却要求给所有社会阶层的男性进步的、批判式的教育。玛丽认为男人和女人应该有一致的行为标准,她说女人应该有独立的工作权力,平等的受教育权利,享有公民的自由和政治权力。玛丽最关心的是妇女享有平等的受教育权,而 19 世纪的女权主义者正是为了能够进入大学,从事像男人同样的职业而"战斗"。玛丽的主张至今仍构成女性主义运动的基础。书中的核心论点如下:1. 男女本来没有差别。女性的地位低于男性,完全是由后天的环境和教育造成的,是社会化的产物。2. 男女相互依存。如果男女地位不平等,社会的进步与发展就要受到阻碍。3. 主张以教育入手,提高女性的素质,以使其摆脱无知、穷苦和对男人的屈从。

　　相隔半个多世纪,英国杰出的政治学家、经济学家约翰·斯图尔特·穆勒著述的《妇女的屈从地位》成为 19 世纪女权运动的"圣经"。如果说,玛丽侧重要求受教育权的平等,穆勒则是从社会进步的需要角度提出女权的斗争问题。她认为应该从法律高度保障妇女的权利,赋予妇女投票的权利,提高妇女参政的质量。具体说来,穆勒的观点可以分为以下几个方面:第一,本性问题。穆勒认为,"19 世纪最典型、最令人烦腻的一种思想习惯是对 18 世纪的理性主义予以反抗,以及转而对"人类人性中的非理性因素"寄予希望的奇癖。" [4]她提出"不自然,通常的意思是不习惯,一切惯常的事都是自然的,这是千真万确的。妇女从属于男人是个普遍的习惯,任何背离这种习惯就自然地显得不自然。" [5]穆勒的基本异议是:人格在极大的程度上取决于对环境的适应，并且实际上是这一适应的结果；对于这样的人格的固有本性，我们什么也不知道："站在普通常识和人类头脑的结构立场上看，我否认有人知道或能够知道男女两性的天性，如果他们始终只处于现在的相互关系中。""现在被称之为妇女的天性明显的是人为的事——在某些方面是强制压迫的结果，在另一些方面是不自然的刺激的结果。"[6] 应从理性的角度更加深入地了解环境和气氛对人的巨大影响。第二，教育问题。由于穆勒懂得适应环境的努力就是适合性角色的气质，所以她认为，女性是压迫女性的制度的产物；她所受的教育，正规的和非正规的教育，都旨在让这一制度永存下去。她还相信："所谓存在于男人和女人之间的智力差别，不过是她们在教育和环境上的差异的自然结果，并不表明天性上的根本差别，更不必说极端低劣了。"第三，家庭问题。在穆勒看来家庭是一种制度核心下的内部奴役。在人类专制的历史上，鉴于女人是强权统治下的第一个、最后一个或时间最长的臣民，穆勒平静地宣称，女人是婚姻以内的奴隶。然后她对这一制度的历史进行了总结，并下结论说，它的基础是买卖或强制：丈夫对妻子有生杀之权。[7] 总之，玛丽和穆勒论述的中心思想是一致的，她们都是从资产阶级的民主主义立场出发，批评和攻击当时的政治制度和赎回制度，要求给予妇女同等的权利。但是，作为一个自由主义者，穆勒看到的只是一种普遍的强权统治，而在这以前的情形，她就看不到了；她还将女性的屈从看作人类生活中永恒的特征，而人类生活是不断"前进"的，所以通过道德的劝告，这种屈从也可能获得缓解，就如她所认为的那样，封建专制和奴隶制度都曾通过这种形式获得过缓解。因此，穆勒认为通过立法改革就能解决一切问题，并满足于让女性获得选举权和公正的财产法。女性主义先驱者的思想激励了这一时期的女权运动。自19世纪以来，女性主义运动风起云涌，女性主义的第一波浪潮就出现在19世纪中叶和20世纪初，它关心的是争取女性的平等权利，尤其是选举权。

女性主义运动第一次浪潮争论的焦点是女性投票权的战斗。在早期，妇女运动只是要求男女应该享有平等的表决权；在后期的选举运动中，提出了女性"优势"的观点。在争取选举权的女性运动中，还出现过一种反民主的倾向，害怕"无知大众"，要求将选举权限制在识字者当中。美国女性在争取选举权的斗争中遇到了很大的阻力,反女性主义者甚至从医学角度防御妇女选举权。例如,马萨诸塞州的立法者曾宣称:"如果给女性选举权,你就得在每个县建立疯人院,在每座城镇建立离婚法庭。女人太神经质和歇斯底里,不能介入政治。尽管女性主义运动遇到来自各方面的强大阻力,但还是取得了一定的成绩,具体表现在:1894 年,新西兰成为第一个赢得女性选举权的国家,随后澳大利亚的女性也获得了选举权。1914 年,芬兰和挪威妇女获得选举权,在第一次世界大战之后大多数国家的妇女都获得了选举投票权。1918 年,30 岁以上的英国妇女获得了选举权,1928 年全体英国妇女终于有投票权。在美国,最早赢得了妇女选举权的是怀俄明州(1868);二是犹他州(1870);1914 年增加到 11 个州,到 1920 年 8 月,全国女性都拥有了选举权,并以宪法的形式稳定下来。

女性运动第一次浪潮中的第二个争论焦点是女性受教育的权利斗争以及应该受到怎样的教育。全世界的妇女有了受教育的要求。因此,女子学校应运而生,还有很多女子去原来只有男生的学校读书。在 19 世纪中叶,女权主义者针对"女童教育内容、考试内容"应不应该和男孩一样的问题进行了激烈辩论。1868 年,剑桥大学开始采取女生单独考试的政策。这种做法再次在女性主义者中引起了激烈讨论,支持和反对的意见都有。具有讽刺意味的是,世事演变到 20 世纪 80 年代,中国一些学校为招到更多的男生,不得不将女生的录取分数线提高。回想当年人们为女生的学习能力和能不能与男生参加一样的考试而争论过,真是恍若隔世,令人感到从女权运动的先驱为女人争取受教育权到如今,世事已经有了多大的变化,女性教育已经走了多么远。

女性主义运动的第一次浪潮取得的成绩是显著的,妇女在民事权利方面争取到了一些权利,如政治权利、受教育权、就业权,获得了与男性同等或者近似的待遇,这与女性以前的歧视相比是一个很大的进步。

2. 第二次女性主义的浪潮

女性主义的第二次浪潮从 20 世纪 60 年代开始。人们认为,第二次妇女解放运动最早也起源于美国。这一时期的女性放弃了平等的虚幻目标,力求在社会领域内求得公平,实现性别平等上的特殊性和多样性,实现政治上

的权力和自由解放。提出反对忽略性别差异的社会关系的基础,女人属于男性的观点。也提出了"性别平等",要求相应的领域可以公开等等。

女权主义运动的第一次浪潮获得成功后,许多妇女看到实现男女平等,只是从字面上并没有太大的实际意义。选举权的获得并没有使女性参政状况和水平有所变化,母亲和妻子仍然是社会对理想女性的形象定位;职业女性的工资水平和晋升的机会、职业选择仍然受到明显的社会性别歧视。这一系列的不公正的现象成为女性再次发起女权斗争的导火线。女性主义运动第二次浪潮是向公共领域与私人领域的分界挑战,根据"个人就是政治问题"的思想,强调身体在性别政治的重要性。在美国女权运动的第一次重大行动就是抵制选美。因为选美是让女性必须遵守对女性身体提出的标准。1968年,女性主义批评选美大赛——"美国小姐"评比。她们指出,在日常生活中,妇女是在经历一个连续的选美评比:为了男人打扮自己,美容瘦身,迎合男性的审美标准。女权主义者都戴上了一只羊头面具,讽刺美国小姐评选,她们将胸罩、腹带、紧身胸衣、假睫毛等女性装饰品都扔进了垃圾桶。据传,尽管没有人焚烧胸罩,但由于媒体的歪曲报道,"烧胸罩"事件已经成为一个爆炸性的新闻事件引起了很大的轰动,并成了女性主义的一个象征:女性主义者是一种"非女性",她们既丑陋又充满排斥感,女性主义者嫉妒真正的美。事实是女性主义者只是反对选美,反对按照男性的要求和标准装饰自己,女性不能自主地恣意"美",女性主义者反对的是将女性作为男人的性对象的行为。

关于女性的身体形象问题,女性主义的视角是:女性以男性的审美标准生活,长期处在选美比赛的巨大压力下,只注重"外表"的形象,忽视甚至否认女性身体的"内在"自我感觉。女人一直在和理想中的模特做不公平的竞争,绝大多数的女性真实的自我形象丧失,缺乏女性的自信。除了传统的政治参与,妇女就业、教育等问题,女性主义运动还从女性主义角度提出全面审视女性的"性"问题,其主旨是反对阴茎中心主义的传统,关注阴蒂,关注家庭和社会对妇女的性骚扰、施暴问题,关注女性的性欲和性权利等。有学者提出将第二次女性主义思潮分为制度的女性主义与基层的女性主义。前者在现行制度中争取女性权利;后者在社区基础上工作,强调集体组织化,大力开展提高觉悟的运动。

20 世纪 60 年代末 70 年代初,女性主义兴起了所谓"提高觉悟"小组活动。女性主义者自发组成了所谓"唤醒意识"小组、"提高觉悟"小组、"关注健康"团体等,这些小组迅速发展壮大,小组、团体超过 2 000 个。运动的一个主要活动形式是大家聚在一起谈话的提高觉悟小组活动。这一活动在当时与其他治疗结合在一起,成为教育女性的有效形式。

这些组织分组开展个人体验和情感交流活动,用女性主义思想分析这些经验和情感,指导女性处理情感。在提高觉悟活动中,女性把自己作为女儿、妻子、母亲、情人、学生和工人的个人经历来批判社会结构,这一社会结构使女性沉默、悲哀,使女性相信她们在日常生活中所感受到的不满足、不快乐是个人的原因导致的。"提高觉悟活动在 1970 年至 1974 年间达到高峰,当时的情况是:5 至 15 个女人组成的小组每周聚会一次,聚谈两个小时,持续几星期至一年,甚至更长时间。她们谈论一切,用个人的经历来检验社会上占主流地位的文化观念。这种活动方式后来发展成为一种知识的生产形式,一种女性主义的新型实践。"[8]

举例言之,一些妇女被丈夫殴打后,在提高觉悟小组中,她将自己的遭遇表达出来,她发现其他的小组成员也有遭受丈夫或男友殴打的遭遇。这种沟通会让她知道:自己经历的个人问题也是个社会问题;丈夫殴打自己是社会权力格局的一部分。女性遇到的问题其实是社会结构等外部因素造成的,而不是女性自己自身的缺陷。通过提升意识的群体也有可能成为一个政治行动的组织基础——女性和其他被打女性可能决定创建一个专门收纳被虐妇女的避难所。总之,广泛开展的提高觉悟小组的活动是女性运动第二次浪潮中最具特色的活动。社会批判所导致的组织活动,从知识到行动,印证了"个人问题就是政治问题"这一口号,使它成为美国女性运动最有效的组织工具。

有一位普通的女性对女性主义运动的回忆很形象地反映出女性主义流派和主张的多样性以及参加小组活动的女性对这一活动的印象。她说:"在女权运动浪潮早期,我每周去参加一个提高觉悟小组的活动,同去的还有一个朋友。我们最近比较了两人的笔记:你猜发生了什么事? 我的朋友说,她

觉得'现在我能做一个女人了。这件事不再是可羞的了。我不再秘密地幻想我是个男人,就像以前那样,在我有孩子之前。现在我可以看得起过去我认为可耻的事了。'她的回答令我惊异。在那些年里,我们同在一起开会学习,我的想法却大致相反:现在我不必再做一个女人了。我不必做母亲了。做个女人一向是可羞的,但我以前以为没有别的出路。现在'女人'这个想法本身已经可以不要了,'女人'是我的奴隶姓名。女性主义将给我自由去寻找一个另外的全新的身份。"女性主义的思想流派以及它们对女性所造成的不同角度的影响由此可见一斑。

第二次女权运动的另一个结果是性别研究作为学术研究的兴起。因此,也出现了形形色色的女性主义流派。在父权制思想下形成人的观念,是从男性的角度描述了的。在她们的世界,这种描述等同于不变的原则。女性主义者则对这些人的思想进行了习惯性的挑战。马克思主义女性主义便在此次浪潮中产生。

3. 第三次女性主义的浪潮

女性主义运动的第三次浪潮开始于20世纪80年代的美国,这次浪潮的影响延续至今。这次浪潮的中心议题主要体现在女性研究或性别研究的理论探索上。随着后现代主义的到来,女性主义强调女性之间的多个第三次的差异使得寻找女性自然的时代已经过去了,女权主义者为平等、发言权和身份地位而斗争,同时也关心女性在文化中的位置,以及实现一种全球性妇女运动的可能性。建议女性自尊自爱意识,反思自理自治,要求男性帮助女性摆脱受压制和无知的境遇。

第三次女性主义运动有两个发展趋势,这两个趋势与艺术发展历史的趋势紧密联系。艺术的实践接受并赞扬了女性的肖像,这被认为对妇女社会地位有贬损,实践的批判接受了矛盾复杂的女性观念。作为第二次女性主义倾向自觉规避途径,第三次女性主义在艺术史上是通过各种评论性的文章来表现的。似乎走到这里,女性主义已经完结,因为看起来女性主义已经从心理上战胜了男权中心主义。但这段时期对艺术的影响相比较70年代,影响并不大。强调女性的愉悦而不是伤害,在某种程度上是对激进的女性主义的一种修正补偿。但还是回到了一个女性气质的原点,失去了其对社会建构的反思能力。然而兴起于 90 年代的"酷儿理论"恰恰可以成为女性主义的第三次浪潮,因其理论的建构是基于对包括波伏娃的《第二性》在内的第二次女性主义进行的批判。其代表人物,也是酷儿理论的主创者巴特勒就是如此。她对女性主义的贡献在于她解构了生理性别与社会性别的对立。巴特勒在解构生理性别和社会性别的同时,也在解构着以异性恋模式作为维系社会秩序的霸权地位(而波伏娃的理论恰恰是建立在异性恋结构认同之上)。异性恋作为理想的二元形态,在历史文化中占据着主导的地位,但它所排斥的是诸如同性恋、双性恋、易装乃至虐恋的合理性。而在人的本质上,性是具有多元性的,而为了维持繁衍的社会秩序,在婚姻之内的异性恋模式得到了唯一的合法性。在巴特勒的理论里,最重要的一个概念就是"操演"论,性别其实是一种表演。并不存在一个先在的不变的本质的性别,例如一个易装者,从他的外貌看起来是一个女性,我们就得出一个他是女性的结论,但实质上他是一个男性,这个例子就构成了对真实的一种拷问? 是否存在一种先验的真实? 在巴特勒那里可以看到一个后现代主义,也就是解构主义的女性主义——原本是没有性别的,性别只是文化的一种幻想或者虚构。"酷儿理论"在当代西方是非常重要的理论,李银河做了系统的翻译和介绍的工作。在西方"酷儿理论"被广泛地运用于艺术批评与创作,我们的艺术批评和艺术创作,特别是女性主义艺术的批评理论似乎还显得滞后,基本都停留在早期的妇女解放运动和波伏娃的阶段,大家还是在运用性别的概念在思考问题,还没有跨越性别的边界。我想女性主义的侧重点在于对性别的研究,对诸如生理性别和社会性别的思考来反思社会,历史的建构过程出现的问题,它所做的工作是与解构主义的工作是相同的,就是向本质主义告别,解除逻各斯中心主义的遮蔽,开启二分法之外的认识世界的方式,而男人与女人的对立恰构成二元对立的经典命题,后现代女性主义,也就是以巴特勒为代表的酷儿理论正好实现了这样的一个使命。所以女性主义通过其内部的批判,就已经完成了跨性别的实践。这是非常重要又是被我们的女性主义批评所忽略的。

二、女性主义理论的当代样态

女性主义这个词会让人觉得这是单独的思想理论。但事实上,由于受

历史背景、一些国家妇女的法律地位,以及其他因素的影响,女性主义者们为了达到不同的目的产生了不同的思想路线。因此,产生了各种不同的女权主义流派,下面就代表性流派加以阐释。

(一)自由主义女性主义

自由女性主义是最早的女性主义思想,因此成为了之后出现的女性主义思潮的理论借鉴,其他思潮也批判自由女性主义思想在法律和形式上的不平等,但由于批判能力很有限,因此试图革新的目的并没有达到。

18世纪,欧洲的女性主义运动推动了新的资产阶级反对君主政体,人民开始质疑重男轻女的父权制尊严。自由主义女性主义崇尚人的理性,认为推理能力是人之为人的关键,而不是因为身体行为的人,所有的人在同样的教育下都是具有理性的,应该被平等地对待。并强调人性不分性别,女性也有理性思考的能力,男性和女性之间的不平等是由传统教育及其性别差异造成的,为消除人的不平等,应该给女性同质化的教育;同时,由于个人利益,尊重差异远远大于性别差异,女性应在完全平等的基础上作出选择,所以最好为社会提供更丰富的人力资源,提高竞争力,而法律应该不分性别,男女平等。因此,自由主义女性主义提出了修改法律,反对关于妇女的特殊保障等要求,这些要求体现了自由主义女性主义对平等的要求。

20世纪末的自由主义女权主义扩大了她们对平等要求的范围和领域。她们提出要加强对弱势群体的国家保护(如家庭暴力的受害者)以及他们的公共权力;由于经济因素是个体自我实现的重要因素,更关注经济分配公平,主张政府干预市场经济的危害减轻;在反性别歧视的消极的立法领域,在立法上消除歧视或纠正存在的不平等。自由主义女性主义强调设立幼稚园、受害妇女庇护所,加强就业培训是关键。20世纪80年代之后的自由主义女性主义者,最后发现齐家治国做一个女强人是不容易的,因此提出了诸如:家务分工、灵活的工作时间和减少养家负担等概念。

18世纪英国的玛丽·沃斯通克拉夫特是自由女性主义的典型代表,最有名的著作是1972年发表的《女权辩护》。她认为,成为一个理性的人是女性自主性的首要体现。而这种自主性主要是通过妻子和母亲的身份来诠释的。玛格丽特·芙乐是19世纪美国自由主义女权主义的典型代表。玛格丽特·芙乐不仅主张女性在法律地位和世俗生活的权利,而且强调女性内心对自由权利的追求,这是一种典型的存在主义观点。她提出,自由应该包括知识的增长,精神上得到满足,创造力的显现和理性的生活方式。玛格丽特·芙乐认为女人是应该扮演好母亲和妻子的角色,但这不应该成为女性生活的全部内容,女性必须从家庭中走出来,参与社会生活,追求自我价值。玛格丽特·芙乐特别强调,女性努力提升自我,不是仅仅为了家庭,为了扮演好妻子和母亲的角色,而是为了女性自身的成长和自我的实现。在玛格丽特·芙乐的女性主义思想中,虽然男性和女性存在性别上的差异,但是女性也应该享有和男性同等的权利,但是她反对女性和男性面对面抗争。总之,玛格丽特·芙乐的自由主义女性主义思想在争取女性平等的问题上是以存在主义哲学为基础的,同时附上极重的宗教色彩。

约翰·穆勒是19世纪英国自由主义女权主义代表。约翰·穆勒的代表作是《妇女的屈从地位》,在该书中将女性权益的观点阐释得淋漓尽致。穆勒提出,法律上的不公平关系,造成婚姻关系就像是主人和奴隶。穆勒运用其政治哲学中"契约"概念来比喻婚姻关系,认为婚姻关系也是一种契约,在这个契约中订约者必须自己同意,并且在同等条件下享有共同的生活方式。契约精神是独立的、自我决定的,女人不结婚,在她们自己自由的情况下将违反婚姻契约。穆勒主张女性应该有一个特定的生产能力和经济独立的能力,以免为了长期饭票勉强结婚。穆勒还从自由竞争的角度指出,妇女的能力如果真是不如男人,那么无能的妇女根本不需要剥夺她们竞争的机会,她们自己就将在比赛过程中掉队,对妇女开放的机会将会让更多的优秀人才进入社会,使社会运行更有效。

约翰·穆勒、玛丽·沃斯通克拉夫特,两人均认为一般的已婚妇女都应以家庭为重,女性在家庭中的潜力是发展的主要领域,不需要出去工作。但男人和女人的权利是相同的,女人应该是自由的,自由发挥自己的才能。总的来说,穆勒认为理想的婚姻是妇女应该受到良好的教育,成为丈夫灵魂上的知己。女人在精神上丰富自己仍然是为了男人,婚姻的理想伙伴是要求"女人聪明但不要太聪明"。

贝蒂·弗里丹是当代美国自由主义女性主义的代表。她和18世纪以来

自由主义女性主义者主张基本相同,不同的是她更强调妇女在公共领域的参与度。她最著名的书——《女性的奥秘》是对妇女的家庭角色批评的制高点,弗里丹认为,妇女应该和男子一起参加公共活动,这样可以更好地发挥女性的潜力。在男性至上的文化机制里,女性是创造幸福、满足、快乐的家庭主妇的形象,她们的生命价值与婚姻和家庭紧紧联系在一起。女性的这种理想只是神话。由于家庭结构的基本构成和家务劳动缺乏必要的回报,加之相同的琐碎的工作重复,受过教育的现代女性成为了没有成就感和自我实现的家庭主妇的角色。

当然,自由主义的女性主义对女性主义运动的发展提出很多独到的见解,激励女性与男性享有平等的权利,"由于自由主义女权主义的理论是以包括女性在内的人的存在的孤立化和抽象化为基础的,因而也就无视了妇女是生活在一个由民族、阶级、种族等各种社会关系纵横交错的复杂的社会环境中的这一事实。这使得它无法揭示造成男女不平等的根本原因,无法提出一个结束这一不平等的可行的策略。"[9]从自由女性主义所要求的具体的平等权利来看,他们实际上是中产阶级白人女性的代表。这些人物质生活优越,没有经济压力。无产阶级女性的期望和要求应该不是这样的。另外,自由主义女性主义的男女平等主张也是以父权制为基础的,没有看到男女性别上的差异。

(二)激进主义女性主义

激进女性主义诞生于 20 世纪 60 年代末、70 年代初,主要发源地是在纽约和波士顿。"当时一些投身民权运动的进步妇女在运动里得到次等待遇,他们被男同志视为低下者、服侍者、性对象,也争取不到发言权,因而在愤怒、幻灭之余弃绝新左派而独立出来。他们使用'激进(或基进)'一词,主要取其语源上的'根'的意义。他们主张妇女的受压迫是所有其他种族的、经济的、政治的等等压迫的枝桠。所以'激进'一词,一方面系指较新左派更根本的革命立场,另一方面也暗示较自由派女性主义更广泛、深入的进步性。"[10]

激进女性主义主张女性是人类历史上最古老、最深刻的压迫群体,而且女性所受的压迫是一切压迫形式的基础,激进女性主义试图从性别制度中找到妇女摆脱压迫的途径。她们侧重从女性的家庭、婚姻、生育、母亲的角色,爱情观,甚至是女人的身体、心理角度提出女性问题,让女性能够真实地说出心声。然而要在"自由主义"的妇女权利团体和"激进"的妇女解放团体之间划出分界线,这是很不容易的,更困难的还在于清楚地描述激进女性主义群体内部存在的差异。首先可以肯定的是,要有资格被称之为激进女性主义者,这样的女性主义者必须强调:社会性别是妇女遭受不平等待遇甚至非人压迫的根本原因。依据阿利森·贾格尔和葆拉·罗森伯格的观点,对这一论断的内涵,可以做如下解释:

1.妇女在历史上是第一个受压迫的群体。

2.妇女的受压迫是分布最广泛的压迫,这种压迫在迄今所知的每一个社会里都实际存在着。

3.妇女受压迫最深,这一压迫是最难于铲除的压迫形式,诸如废除阶级社会这些其他的社会变革,并不能根除压迫妇女的形式。

4.对妇女的压迫在数量和质量上都对受害者造成了最大痛苦,尽管这种痛苦常常没有被认识到;这是因为性别歧视的偏见存在于压迫者和受害者双方的头脑里。

5.妇女的受压迫……对于理解所有其他的压迫形式提供了概念模式。[11]

激进主义女性主义者坚持认为,社会性别制度是隐藏在资本主义制度和父权制里的,但这不能隐藏她作为妇女受压迫的根源的事实。米利特是这一观点的代表。她在其著作《性的政治》(1970)一书中指出,性是政治。在父权制的意识里总是将男性和女性之间的生物学差异固化、扩大化,虽然事实并非如此。他们总是明确规定了人总是作为一个人的规则,男人总是扮演男性角色成为统治者,而女人永远扮演女性角色,成为下属。米利特说:"在父权制社会,恐吓无处不在。老练世故的女人都知道,如果她想在父权制社会生存,她最好表现出有'女人气'的行为举止;不然,她就可能遭受形形色色的残酷和野蛮的对待。"[12]米利特指出,对女性主义的主要攻击来自新弗洛伊德派心理学家和帕森斯派社会学家这两个父权制的群体。尽管弗洛伊德对性欲的公开探讨,她言说人们在卧室里的行为和禁忌的积极意

愿,这些最初都是朝着更好的、更多样和更为解放的性关系迈进的。米利特指出,但弗洛伊德的学生们却利用她的著述,把"两性之间不公平的关系理性化,证明传统角色的合理性,并为那些性别气质差异辩护。"[13]以同样的方式,那些追随著名社会学家塔尔科特·帕森斯(Talcott Parsons)的人,她们也利用帕森斯的论述为自己的观点辩护,她们说,"男性和女性气质特点的区别是生物性的、自然的,而不是文化的、人为的;如果没有严格的男女社会性别区分,社会就不能像现在这样有效地发挥作用。"[14]她们认为,性别认同和行为认同是对男女之间真正生物差异的调整,而不是"强加于男性和女性身上的固定不变的东西。后来者更加自信地断言,妇女就是要服从于男性,这是生理学上的安排。

像米利特一样,另一位激进自由主义的女性主义者舒拉米斯·费尔斯通断言,"随着生物学意义上的家庭的终结,禁止父母子女乱伦(除了其他禁忌外)的俄迪浦斯式的家庭处境也将随之解体。"费尔斯通说,将不会再有对所谓近亲繁殖的担心,无须担心这种偏向于自然的多种形式的变态行为"扭曲人性"。[15]费尔斯通指出,我们的文化把科学和技术与男人联系在一起,把人文和艺术与女人联系在一起。因此,对现实的"男性气质的回应"就是"技术的回应"——"客观的、逻辑的、外向的、现实的、关注自觉的头脑(自我)、理性的、机械的、务实的、脚踏实地的、稳定的。"[16]相反,对现实"女性的回应"是"美学的回应"——"主观的、直觉的、内向的、一厢情愿的、梦想的或幻想的、关注潜意识(本我)、感情的、甚至是情绪不稳定的(歇斯底里的)"。[17]只有当上面所述的生物学革命铲除了这种需要、不再维持"男性的"和"女性的"、"男性气质的"和"女性气质的"严格划分,只有在这个时候,我们的文化才有可能在科学和艺术的鸿沟上架起桥梁。雌雄同体的人将会发现,他们是生活在雌雄同体的文化中,在这种文化里,经由费尔斯通所说的情形:"相互抵消——一物和另一相反事物的爆发,以女人气的男子为终结!"[18]"技术的"和"美学的"分类与"男性气质"和"女性气质"的分类都将消逝。最后,费尔斯通指出,男性的技术模式将有能力"实际上产生出那种女性的美学模式所憧憬的事物。"[19]

如今的激进自由派女性主义者,她们一般都支持20世纪60和70年代波士顿和纽约的激进女性主义者的观念,令那些女性主义者关注的是:"正是女性气质的概念以及妇女的生育、性角色和责任,常常被用以限制妇女作为完整的人的发展。"[20]这些人是激进的女性主义者,她们除了其他要求外,尤其渴望雌雄同体气质。例如,乔琳·J(Joreen J.)指出:"荡妇之所以令人不安就在于她是雌雄同体的。她在自身内结合了被界定为'男性化'和'女性化'的气质。泼妇是明目张胆、直截了当、傲慢无羁的,有时她也是自我中心的。她没有对所谓'永恒的女性'其含蓄、微妙、神秘性的嗜好。她蔑视去代替别人,过那种被视为适宜妇女的自然的生活,这是因为她想过自己的生活。"[21]

思考乔琳的话,评论家艾丽斯·埃科尔斯(Alice Echols)谈到她的看法,她说,"无论乔琳的雌雄同体概念多么"偏向"男性气质一边,仍然可以说,激进女性主义者想要表达的最初愿望是超越"性""社会性别"等父权制的限制,既表现女性气质、女人的一面,也要具有男性的气质和权利。但后来,有一部分激进女性主义者开始质疑,她们想要的是否就是男性气质。根据埃科尔斯(Elchols)的看法,这一群激进女性主义者拒绝把雌雄同体的观念作为值得女性主义者追求的目标,"女性"应该是肯定妇女最重要的特征,雌雄同体不可取。这些激进文化派女性主义者,她们根本不认为,妇女的解放还必须展示出男性的女性特征,以及相应的行为特征。激进文化的女性主义者表达的观点是:女性就应该具有女性的气质,而不能为了追求平等而将自己变成男性,充满男性。所以,"妇女不应该努力像男人一样。相反,她们应该努力更像女人,应该强调那些文化上与妇女相联系的价值和美德(相互依靠、群体、联系、分享、感情、身体、信任、没有等级制、自然、内向、上进、欢欣、和平和生命),而不要去强调那些文化上与男人相联系的价值和美德。"[22]

激进的女性主义紧紧围绕女性的性别角色而发展。激进女性主义的理论观点给人一种刻板印象,因此,激进的女性主义在大众中是受到排斥的。因为他们认为女性与男性的身体差异是女性受压迫的原因。因此,女人的生理性特点,尤其是喂养一个孩子的本能,被认为是女性理论的源泉和女性获得自身解放的关键。激进女性主义在解释资本主义社会现实的问题上采取一种全新的角度,这从根本上改变了传统的政治理论观点,对资本主义社

会科学做出显著填充并产生了强烈震动,她们关于性、生殖、再生产等理论的争辩具有积极意义。她们将矛头直接指向男人,敢于和男人对峙,这在妇女运动中是个重大突破。但是,由于理论战斗的匆忙、急躁,形成时间有限,因此缺乏系统的准确的政治理论主张。由于仅仅聚焦女性生理因素,专注讨论女人身体,所以忽视了相关的资本主义的社会、历史、经济发展水平等要素,这是社会主义女性主义者和马克思主义女性主义者的批评的焦点,这也使得激进女性主义失去了学术竞争性,甚至陷入自身理论的僵局中。

(三)马克思主义女性主义

马克思和恩格斯以历史唯物主义为基础,运用"科学"的分析方法,突出作为人的生物性和社会性之间的辩证关系。马克思和恩格斯指出,社会性的"人"的发展过程是一个动态的过程,它是在一定历史条件下,在特定的生产活动过程中形成的。马克思、恩格斯强调阶级对个人的思想和生活结构的影响,这些观点都成为社会主义女性主义理论的思想灵魂,后来的社会主义女性主义者的理论无论怎样发展,都是紧紧围绕着马克思的"阶级"理论展开的,因此,马克思、恩格斯的女性思想对马克思主义女性主义思想具有重要的启发作用。

恩格斯的《家庭、私有制和国家的起源》是马克思主义女性主义常常被援引的马克思主义经典著作。恩格斯在著作中指出:"家庭在奴隶制度下是群婚,野蛮制度下是配对婚姻,文明制度亦即资本主义制度下是辅以卖淫和通奸的一夫一妻婚姻。一夫一妻制、长子继承制以及女性的从属地位都是与资本主义社会的私有制财产的出现相对应。把女性控制在父权制之下的需要其实也就是把财产控制在长子继承制之下的需要。"[23] 恩格斯认为,妇女受压迫的根源是社会组织的经济秩序和私有财产制度。妇女成了资本主义社会的劳动力后备军。倡导女性主义和阶级斗争相结合。因为女性在父权制下受到的压迫和剥削都是源于私有财产,资本主义社会制度加强了父权制,因此,改变资本主义和父权制是一个体系的两个方面。

19世纪初期,马克思主义女性主义的基本观点是:

一是从历史的角度思考女性解放道路。马克思主义女性主义的理论基础是历史唯物主义。他们的基本理论观点是论证资本主义和父权制之间的相互关系。他们提出塑造人类意识的物质生活,经济制度决定上层建筑的形态,反对资产阶级对无产阶级的阶级压迫,重视物质和经济力量在妇女解放中的作用。着眼于经济原因和资本主义社会性别不平等来解释女性受压迫问题。马克思主义女性主义认为,只有改变整个社会结构,才能实现真正的性别平等。

二是强调阶级和异化。马克思主义女性主义者吸收了马克思、恩格斯的女性思想,提出,用"阶级"概念区分不同社会群体过于狭窄,女性也是一个独立的阶级。社会主义女性主义试图用"异化"的概念来解释女性受压迫的现实,并认为女性摆脱压迫的方式就是克服女性的异化和社会的劳动力市场消除性别分工。社会主义女性主义者的终极目标是让男人和女人在社会上的劳动分工和阶级的消失。他们的战略是改变妇女性别特性的变革和生育变革。因此,马克思主义女性主义从根本上反对强调男女之间的性别差异。他们提出不应该将女权主义政治独立出来,他们认为一个独立的女权主义政治的倡导者是错误的。他们更反对激进女性主义倡导的同性恋分裂主义,认为这是分裂男女之间的这种生理差异基础。

三是强调平等重于正义。在平等和正义的辩论中,马克思主义女性主义是站在平等一边的,他们认为,女性在生活的各个方面都是弱势的,这不是女性个人能力的原因造成的,而是存在着历史和社会的原因。因此,要改变妇女的不利地位不能仅仅依靠个人的努力和所谓的"公平竞争",而且需要对女性权利的立法采取特殊保护的措施,以及采取各种为救援弱势群体的政策,以此来获得与男性相同平等的社会地位。对于社会主义女性主义者,一个重大现实的女权主义斗争就是同工同酬的要求。

19世纪末,马克思主义女性主义的主流思想开始发生转变,在许多欧洲国家,马克思主义女性主义不满足于在现有的制度下,性别平等的政治和法律权利,而是主张阶级斗争和革命。在英国和美国,女性主义和社会主义经常结合起来,他们将女性主义建立在社会正义的基础上,而不是简单地建立在对父权制和资本主义的分析上。社会主义女性主义主张反对资本主义的斗争与女权主义的斗争相整合,其主要的理论是:在资本主义社会,男人是通过控制妇女来加强自身地位,进而加强对整个社会的控制。因此,抛开女

性主义的斗争来单纯针对资本主义和父权制开展斗争,那简直是天方夜谭。总之,19世纪末的马克思主义女性主义强调反对阶级压迫的斗争。

20世纪30年代,美国的男同性恋者和女性在社会主义运动中实现了最初的协调,一些党的高层女性领导提出要重视妇女问题,他们提出:反对统治阶级下的男性裁决。她们批评党内一些男性成员性别歧视,对妇女的歧视,他们总是认为妇女问题是微不足道的,不能提上议事日程。她们的观点,使党内男性成员开始重新审视自己性别偏见的想法。

20世纪60年代,马克思主义女性主义发展到了繁荣期,这一时期,出现了许多优秀的马克思主义女性主义者。朱丽叶·米切尔就是这一时期马克思主义女性主义的最重要的代表之一。1966年,她出版了《妇女——最长的革命》一书,成为妇女运动的纲领性文件。在书中,她提出,在资本主义社会,生产、生育、性和孩子的社会化的教育这四个结构在家庭中相互依存,是妇女家务劳动的基本内容,也是女性受压迫的物质基础。只有改变资本主义的父权制,妇女才能够得到真正的解放。在这本书中,她建议,被剥削和被压迫的女性都是通过这四个方面进行的,她还主张分析和借鉴弗洛伊德的精神分析理论为女性主义解放提供心理疏导。

1969年,本斯通和莫顿——加拿大著名的女性主义理论家提出:研究女性受压迫问题的根源,应该从揭示资本主义社会中妇女的从属地位开始。她们认为,这种根源首先可以归因于女性无偿的家务劳动。缝补浆洗、做饭、育儿这些妇女每天在家庭中都要从事的经济活动并没有交换价值,只有使用价值,因为这些劳动产品和服务根本没有进入市场,它们在家庭中就被消费掉了。斯通和莫顿按照这种观点,每个家庭基本上是一个前资本主义,工业化前的实体,因为女性无偿家务劳动在技术上是简陋的,而且是处在货币经济之外的。这种无偿家务构成妇女受压迫的物质基础。解决这个问题的办法就是将家务劳动变成公共产品,将家务劳动社会化这是女性解放的先决条件。按照这一逻辑,女性在资本主义社会的作用和在其他社会制度中的作用完全不同。在奴隶制社会或者封建社会,女性的劳动是同男性一样的社会化劳动。而在资本主义社会中,女性的劳动完全被限制在家庭中,成为家庭成员的消耗品,所以被排除在社会化生产的门外。因此,反对资本主义的斗争从某种意义上讲即是反对女性家务劳动的斗争。而要反对家务劳动就必须反对资本主义制度。对这一观点的批判意见指出:这种分析把由性别差别而导致的劳动分工与资本主义混为一谈,忽视了在社会主义社会中仍有女性受压迫的问题。

马克思主义女性主义认为,像激进女性主义者那样做性别的分类是不恰当的。虽然她们赞同激进女性主义将私人与公众领域的划分、生殖与生产领域的划分都看作是男权制的结构,但是她们的结论不是像激进女性主义者那样去重新评价私人和生殖领域,为其赋予较高的价值,而是强调公众和私人这两大领域之间的联系性。正如贾格尔所说:"马克思主义女性主义的主要任务是通过综合激进女权主义和马克思主义传统中的精华,同时避免他们各自的缺陷,从而推进现有的政治理论和实践。"[24]总之,在具体的理论探讨中,马克思主义女性主义不完全是指引经据典地研究马克思或恩格斯关于女性解放的观点,经常用来泛指任何持经济基础—上层建筑结构影响女性的理论学派,还可能包括对马克思,特别是恩格斯妇女思想的批判。

马克思主义女性主义指的是从 19 世纪中叶开始,主张妇女解放只能由社会、政治和经济结构的综合性社会转型来实现的女权主义思想。马克思主义女性主义又译为马克思女性主义,是女权主义与马克思主义结合的产物,马克思主义女性主义坚持以历史唯物主义、马克思主义的妇女解放理论为基石,认为女性解放与社会主义的目标一致的思想体系。劳动的性别分工或按性别的劳动分工是马克思主义女性主义讨论的焦点问题。马克思主义女性主义者直接师承了马克思、恩格斯和其他 19 世纪思想家;他们倾向于认同妇女受压迫的终极原因是阶级歧视,而不是性别歧视。妇女受压迫并不是个人蓄意行动的结果,而是个人生活其中的政治、社会和经济制度的产物。到 20 世纪 70 年代后,马克思主义女权主义力图解决父权制与资本主义关系的疑难,马克思主义女性主义逐渐体系化。

(四)存在主义女性主义

作为女权运动的第一次浪潮中的重要流派,对后来的女性主义流派的思想发展产生了巨大的影响。存在主义女性主义提出的"他者""超越性""内在性"这一系列的女性术语成了后来女性主义流派的重要女性话语。存

在主义女性主义的典型代表是西蒙娜·德·波伏娃,她的著作《第二性》堪称女性主义流派中的杰作,该著作在1949年法国出版,这部巨著全面探讨和充分发掘了在男性控制的世界里女性沦为"第二性""他者"的处境,提出了"女人不是天生的,而是后天被造就的"的经典论断[25]。

波伏娃在书中所涉及的"他者"即为女性,译者在序言中阐释了"他者"的内涵,指的是"那些没有或丧失了自我意识、处在他人或环境的支配下、完全处于客体地位、失去了主观人格的被异化了的人"。[26]波伏娃指出:"女人并不是生就的,而宁可说是逐步形成的。在生理、心理或经济上,没有任何命运能决定人类女性在社会的表现形象。"[27]在波伏娃看来,女性要走出社会、习俗与传统强加于她们的那些限制。定义和角色是比较困难的。女性想要不做第二性,走出"他者"这个角色,必须要克服环境的影响,有自己的想法,走出自己的道路。并提出了三种途径:

途径一:参加到生产劳动中。波伏娃认为参与生产劳动对于决定两性关系的意义,同财产关系一样重要,在整个社会的发展进程中,女性的处境不仅仅涉及抽象的权利,更多的关乎于她们所起的经济作用,当女性真正能够参与到劳动中来的时候,她们的自主性就得到了很大的恢复,有助于她们获得相应的地位。波伏娃同马克思和恩格斯一样,看到了工业化进程对妇女参加家庭以外劳动的重要影响,机器化大生产弱化了男女之间劳动能力的差异,由于需要大量的劳动力,女性也就有了参加有偿劳动的必要。女性参加劳动以后不仅仅是经济上得到了独立,更多的是社会和政治地位的提高。当然,波伏娃也敏锐地发现了工业化带给女性的一些负面影响,在资本主义生产条件下,劳动是具有压迫和剥削性质的,对已婚妇女来说,参加有偿劳动带来了双重的压力:在办公室或者工厂上班后,回家仍然还要担起家庭的劳动。但是波伏娃明确地表明自己的立场:她认为,无论这样的女性承受着多少的疲惫和繁忙,她们所得到的发展,是她们不参加工作就不可能得到的,只有走出家庭与男性一样参与家庭以外的劳动,她们才能够重新超越自身,只有她们才是"具体肯定自己作为主体地位,她是积极描述自己命运航程的人。"[28]

途径二:进行社会改造。波伏娃相信经济因素对女性解放的重要性,父权制的建立,使女性失去了继承财产的权利,她们不再是合法意义上的公民,而成为男人财产的一部分。这样,当家庭和财产成为社会的基础的时候,女人的地位就完全被掩盖了,环境会限制女性对自己地位的定义,如果女性想要完全释放自我,就必须努力营造这样一个理性的社会环境:能够为她的发展提供物质支持,使她们能够超越当前存在的限制。

途径三:女性必须树立主体的意识。为了超越对自己的限制,女性应该拒绝内化她们的他者性,应该拒绝占统治地位的眼光下的认同感。波伏娃认识到政治、经济、文化以及法律环境对女性的制约和限制,同时她也认识到女性制约和限制自己的方式,但是她仍然认为这些限制都不能完全地限制女性的发展,改善女性"他者"的地位,使女性重新认识自我。妇女要迈出的第一步就是必须摒弃她们内化的他者意识,超越内在性的限制,提高主体意识,女性在潜意识里必须树立自强不息的信念,自信、自强、自爱、自重,要学会掌握自己、开发自己、经营自己,任何时候都要做一个完善自己和丰富自己的女性,将男性文化压抑下的自我解放出来。只有这样才能实现真正的男女平等。波伏娃在谈到女性解放的途径时,也充分认识到了女性获得真正解放所要经历的艰难,她还指出男女平等的实现需要男女双方的努力,波伏娃在《第二性》中说:"要取得最大的胜利,男人和女人首先就必须依据并通过他们的差异,去毫不含糊地肯定他们的手足关系,任何阻力都不能阻碍女性解放的进程。"[29]

波伏娃否认女性气质是天生的,作为一个自由的主题,她可以定义自己的内容。波伏娃提倡女子拒绝传统的女性角色,自由和独立地生活,她因此被批评为缺少男性的身份和对妇女真实情况的历史认识不足。波伏娃探索的女性真实境遇是以她自己所处的法国资产阶级社会为中心的,她的现身说法表明这是女性的世界的体验,并不是局限与偏见。波伏娃对女性身体的态度是负面的。波伏娃的存在主义认为女性的身体是女性无法摆脱的对象,它限制了女性的身体和意识的精神自由,特别是身体死亡,意识、主体性、自由也要随之结束。她认为,女性可以激发男性接受更公平的性别关系,但并没有要求具体的调整男性的角色。

(五)生态女性主义

生态女性主义出现在20世纪70年代,作为女性运动第三次浪潮中的一个重要流派。它是一种政治与社会运动,是将生态学与女性主义结合在一起的女性主义派别,生态女性主义相信对女人的压迫与自然的退化之间存在密切关系。"生态女性主义理论者考虑性别歧视、对自然的控制、种族歧视、物种至上主义(speciesism)与其他各种社会不平等之间的交互关联性。"[30]可以说,生态女性主义是一个与自然相结合的女权主义,它并不是简单地继承前人的理论,而是在此基础上开拓了新的研究内容。生态女性主义把女性主义的政治运动不仅局限在社会改革中,而且拓展到了知识领域,不仅研究女性和男性的自然生理差异,而且从不同的角度探讨女性社会角色,女性的价值,以及女性被歧视的原因,并且对女性在父权制压迫下的境况进行了全面的分析,给予了深刻的批判。

生态女性主义是生态伦理学新近发展的一个变体。1974 年,法国女性主义者弗朗克斯·德·伊芙博尼在题为《女性主义·死亡》的论文中提出"女性应该参与到地球保护的实际行动中来",并最先提出了"生态女性主义"一词,这也成为生态女性主义作为一个独立的女性派别开始理论研究的标志。伊芙博尼提出的生态女性主义是要强调在全球生态危机的情况下,发挥女性的潜力来组织开展一次拯救地球的生态革命,通过这场革命建立起人与自然之间、男人与女人之间的新型关系。她提出:"对妇女的压迫与对自然的压迫有着直接的联系。"她认为,"其中一方的解放不能脱离另一方的解放。"[31]弗朗克斯·德·伊芙博尼主张建立一个多样化的、复杂的生态文化。

伊芙博尼将人看作生态界的一分子,认为人是生态的存在,强调从人与自然的和谐、可持续发展的角度重新诠释人类和其他动物、人与自然的关系,她主张女性要积极从事保护生态系统的行动,实现生态系统之间的协调。她认为,妇女的身份和认同是生态女性主义的主要内容。伊芙博尼建立了一个新的道德观念,在这个道德观念里,反对一切形式的女性歧视,生态运动和女权运动是紧紧结合在一起的,她希望推动爱、关怀与正义的道德价值观,特别是对社会正义的倡导,最终取代先前的相互依存模式。生态女性主义者认为,女性应该积极加入到环境保护中来的原因有两个:一是日益恶劣的自然环境正在不断侵害女性的身体健康,这是对女性自身利益的侵犯;二是女性自身的生态运动特点决定了女性有能力参与到生态环境保护中来。

一是女性比男性更接近自然,而男人的道德基调是敌对性质的。自然和文化的二分法使得生理世界和人类世界是分离的。从男人和女人之间的区别以及文化的角度来看,女性更倾向于代表繁衍、物质、自然等,男性更倾向于代表培养、生产,常常与非自然归为一类,这是西方的父权制中重男轻女思想,这是为贬低和压迫妇女的境况寻求自然的托词。生态女性主义者对砍伐森林、空气污染、物种灭绝等生态环境的破坏很痛心。他们主张将女性主义与自然生态相结合,认为文化应该是自然的题中应有之义。那种企图建立独立于自然之外的文化是错误的。诚然,自然界中的生态运动不一定都是女性主义的,但任何深层的生态运动,都是蕴含着女性化的特征。因为深层的生态运动都包含着这样一种生态意识——一种传统的女性意识。生态女性主义者苏珊·格里芬说:"我们知道我们自己是由大地构成的,大地本身也是由我们的身体构成的,因为我们了解自己。我们就是自然。我们是了解自然的自然。我们是有着自然观的自然。自然在哭泣,自然对自然言说自己。"[32]格里芬表明,女性对自然有一种特殊的理解,对现实有不同于男性的感知,她们与自然有着与生俱来的亲密关系。此外,她还指出,是男性将人类带入了工业化时代的糟糕境遇,使人类面临着毁灭性的世界,正是女性,也唯有女性,才能帮助人类走向新世界。

二是地球上的生命处在一个相互联系的网络中,不存在上下结构的层次。人类社会的现状是种族隔离、性别分开的。人们已经接受了这样的世界观,甚至不觉得它是一个畸形的世界观,世界处在这种所谓的有层次的合理结构中。在这个层次结构中,纯粹的精神如"神""上帝"等被认为是最高级的,属于金字塔的顶点;所有其他生物都是一种低层级的存在。而在所有的生命中又被划分为不同的层级:人类是最高层级,以下依次是动植物、高山、大海和沙滩。而在人与人之间,白人男性是最高等级,其他种族和女人属于低等级。这种层次结构恰恰与生态女性主义的要点相悖,生态女性主义坚持主张性别平等,反对生命等级化。格里芬认为,资本主义父权制在文化上给予男性比女性优越的特权,这是一种灾难。在《妇女与自然》(Woman

and Nature)第二卷中,格里芬讨论了有关"精神、肉体、理智、情感、城市、荒野、认知者、认知对象"等概念的"分离",这些概念都是柏拉图哲学的产物。

三是反对人与自然、思想和感觉分离的二元论。幸存下来的物种,使人们对人与自然之间的关系有了新的认识。自然和文化理论的二元论是生态女性主义遇到的一个挑战。生态女性主义批评二元对立的理论,反对人与自然、思想和感觉的分离。概括地说,生态女性主义倡导女权主义原则,提出按照生态学理论对所有生命的尊重,认为所有生命都是相互依存的,将社会压迫和生态规律系统两模式进行对比会发现两者具有很多相似之处。生态女性主义者对全球环境危机发出了女性主义者的呼声——倡导积极改善妇女和环境的状况,认为这两项任务密切相关。生态女性主义者指出,"人们一般认为,妇女在文化上是与自然联系在一起的,因此,在女性主义和生态问题之间存在着概念、象征和语言的联系。"[33]

因此,生态主义者们提出的所谓"生存必需"的观点是强调人在实践中的创造责任,男人和女性应该共享这个星球,也应该共同肩负起保护这个星球上生命的责任。所以,人类必须开始重新界定自己的身份。人类特别是男性必须放弃破坏环境的商品生产,开始和女人一道共同保护生态环境。而从事这项工作对于女性意味着,她们又要承担没有酬劳的必要的工作:照顾孩子、老人,扮演好妻子、母亲的角色,做好生态保护工作,以一种全新的方式生产社会生存产品——优良的环境。

三、女性主义的后现代转向

在女性主义的三个主要派别长达百年的争论之后,随着西方国家进入后工业社会,新的理论流派应运而生。这就是后现代女性主义。后现代女性主义作为女性主义在资本主义发展的重要派别,其理论不仅颠覆了男权秩序,也颠覆了女性主义的三大主流思想。20世纪60年代至80年代,女性主义和后现代理论相遇,使女性主义的发展进入了后现代转向的新阶段,也为女性主义理论的发展提供了新方向,丰富了新内容。

后现代女性主义转向取决于两个因素,一是因为"性解放"和男人与女人对立的女权主义思想,带来了无数破碎的家庭,单身母亲增多,儿童和艾滋病流行,所以人们开始反思:社会值得为性解放和女权主义付出高昂的代价吗? 另一个因素是,20世纪80年代以后,越来越多的女性在政府、企业、学校等社会工作中或者处于领导地位,或者当了老板,男人们惊呼:母鸡打鸣了! 女人也开始怀疑:还会不会生蛋? 于是,后现代的女权主义应运而生。后现代女权主义的主要观点包括以下几个方面:

(一)拒绝任何宏大的理论体系

后现代主义女性主义理论基本来自于后现代主义。概括地说,后现代女性主义理论的主要观点是反对人类社会一切大的理论体系的发展。认为只有一小部分分散的理论才是有意义的。后现代女性主义的批判覆盖所有的现代理论,针对的焦点是理论的高大宏伟。她们试图将道德和政治哲学建立在一个小范围内,她们认为这样的社会理论才更有针对性。后现代女性主义从根本上反对最根深蒂固的结构性对立的二元学说,例如,总是把东西分成不是这样就是那样的,你和我,好和坏,高和低,依此类推。她们提出思维即整合,提出对女性提供的价值进行整合,反对多模式的二元对立,政治模式(包括种族差异,种族,阶级,性别和性取向)的差异,和其他模式的存在。认为这是另一种思维模式。

(二)话语即权力

在后现代女性主义的社会理论中,谁拥有更重要的话语权已经成为人们关注的一个核心问题。后现代主义大师德里达断言:文本之外一切都不存在。他试图否认话语理论的物理现实。德里达说,对象的概念,或个人的意义和本质,这些都是语言之外的含义,因为语言本身并没有提供这些东西。语言只是创造意义或者借鉴意义,它本身并不能反映自身的意义。德里达指出,"由于没有可以被把握的存在(在场),因此,也就不存在可以与之形成对照的虚无(缺席)。"[34]如果我们不能从这些对立的存在中解放思想,我们就会将思想完全对立起来,让一个对立另一个,如男人和女人、自然和文化、讲述和写作。如果我们能从这些对立中走出来,我们会发现我们可以自由地探索它们的新含义。德里达希望让思维活动从单一性的假定中解放出来。所谓单一性假定,即假定存在唯一的真理或本质、具有"先验指向性",它赋予一切意义。对德里达来说,唯一可以得到的语言是理性中心、阳

具中心和二元对立的语言,是限制他思想的语言。所以,德里达对摧毁象征秩序是悲观的。不过,德里达相信,"对文本(任何通过语言进行的交流对他来说都是一种文本)提供受到压抑的、可供选择的解释,他可以削弱这个象征秩序。"[35]德里达指出,将感知对象从人的感知中区分出来时会产生偏差,而人们很难克服这种偏差。德里达创造了"difference"这个词,用来描述现实和语言表述之间差距。后现代女权主义如获至宝,立即采纳了这个词语作为自己理论的佐证。她们认为,在德里达创造"difference"这个词之前,女性主义者们对于语言和现实之间的鸿沟一直处于无休止的争论或者一言不发的状态,现在这个词让一切改变了。

（三）对传统女性主义流派的批评

后现代女性主义用"后现代"的思想武器,对传统女性主义流派的主张进行了批判。后现代女性主义认为传统女性主义的三大流派——自由主义女性主义、激进女性主义和社会主义女性主义的思想理论反映的仅仅是欧美发达国家的女性观点,而且仅代表他们中的白人中产阶级,三大流派的思想是资产阶级自由主义和改良主义的思想。由于存在将自己的认识和行为模式生搬硬套到第三世界女性身上,造成了对不同阶级、民族、种族、地域、文化的忽视。后现代女性主义认为女性主义思想应该是宽泛的,属于整个世界的,不应该仅仅是发达国家中产阶级妇女的特权,第三世界的妇女也应包含在其中。因此,各国的女性,无论她们的阶级、民族、种族是什么,都应该根据自己阶层的特点,继续为自己的自由而战。

自由主义女性主义者认为男权社会对女性的偏见是女性地位低下的根本原因,女性不能从事社会生产和生活。自由主义女性主义把矛头直接集中到男性身上。后现代女权主义认为男权社会的形成是社会历史、文化的二元格局的产物,男女两性二元论应该说是几千年的文化形态的产物,而不是单独的,仅仅是针对男性的。关于社会主义女性主义的观点是,资产阶级统治工人阶级直接造成了男性对女性的绝对统治。后现代女性主义者认为社会主义女性主义者关注的只是资产阶级社会中的阶级、经济因素,而这种特定经济因素和阶级关系只适合于特定的资本主义社会,并不是女性的受压迫的唯一来源,因为在资本主义的经济因素和阶级关系下,受压迫的不只有女性,男性工人也是受压迫的对象。后现代女性主义提出应该从历史出发,从妇女生育史和妇女发展史的角度考察女性的从属地位问题。

激进的女性主义者认为男女的生理结构差异是女性受压迫的原因。男性群体有统治女性群体的力量,正是这种男女生理上的差异表现在对权力的问题上,激进女性主义者崇尚统治和剥削所有个人力量的权力,认为权力代表着权威,是永恒不变的。后现代女性主义认为权力并不是集中在一个机构或一个组织中,而是分散的,散射的。她们指出,女性主义的关注应着重于妇女的地位,更现实的东西,比如重视妇女的教育,就业史上的内容,健康,育儿,家庭暴力等问题。西方女性主义理论发展到今天是一项经历持续的挑战、创新、颠覆和突破。理论上的讨论应立足于实践领域的进步,不管是什么样的看法仍然存在,应该能够推动妇女走向自由王国。从种族中心论到后殖民主义,从强调性别平等到转向强调男女之间的生理差异,从性别对立到两性之间的和谐,从批评重男轻女的观念到重新审视性别关系,多元化、多维度成为女性主义前进的落脚点,也是女性主义得以保持持久生命力的先决因素。

总之,后现代女性主义的多元化认识论,使女性主义理论自身获得了一个自我反思、自我消化、自我整理,甚至自我否定的机遇,同时避免女性主义陷入二元论的尴尬境地,女性主义不再将男性作为自己的对立面,而是旨在反映不同阶层和不同种族的人作为边缘阶层的呼声,后现代女性主义者承认,当可以使用的只有文字,而这个文字又源自象征秩序,在这种情况下,挑战象征秩序是极端困难的。例如,倘若说,所有一切都有多重性、多元性和差异,后现代女性主义也就和"父亲们"一样,断言了普遍真理的存在,这不免是理论冒险。这种危险促使一些后现代女性主义者拒绝任何带"主义"的标签,包括女性主义和后现代女性主义本身。[36]她们担心,这些标签总会带着"阳具理性中心的冲动去稳定和组织我们的概念世界,并使其理性化"。[37]

后现代女性主义的思想诚然有很多积极意义,然而后现代女性主义对理性、客观性、真理等范畴提出的立场和解构,从根本上说瓦解了女性主义存在的前提。相信经过历史的积淀,马克思主义女性主义在女性主义浪潮

中的历久弥新,对现代及后现代女性主义发展将提供坚强的保障。

注释:

[1]（美）阿莉森·贾格尔.女权主义政治与人的本质[M].北京:高等教育出版社,2009:10.

[2]秦美珠.女性主义马克思主义[M].重庆出版社,2008:2-3.

[3]于布礼、孙志成.卢梭作品精粹[M].河北:教育出版社,1990:174.

[4]（英）玛丽·沃斯通克拉夫特.约翰·斯图尔特·穆勒.女权辩护、妇女屈从地位[M].北京:商务印书馆,1995:257.

[5]（英）玛丽·沃斯通克拉夫特.约翰·斯图尔特·穆勒.女权辩护、妇女屈从地位[M].北京:商务印书馆,1995:266.

[6]（英）玛丽·沃斯通克拉夫特.约翰·斯图尔特·穆勒.女权辩护、妇女屈从地位[M].北京:商务印书馆,1995:274.

[7]（英）玛丽·沃斯通克拉夫特.约翰·斯图尔特·穆勒.女权辩护、妇女屈从地位[M].北京:商务印书馆,1995:304.

[8]李银河.女性主义[M].山东人民出版社,2005:89.

[9]孟鑫.国内学者对西方女权主义七个流派的评介[J].教学与研究,2001,3:59.

[10]顾燕翎.女性主义理论与流派[M].台北女书文化有限公司,1996:269.

[11]（美）Alison M. Jaggar. Paula S. Rothenb. Feminist Frameworks[M]. New York: McGraw - Hill, 1984:186.

[12]（英）Kate Millett. Sexual PoliticsGarden[M]. City, N. Y.: Doubleday, 1970:43.

[13]（英）Kate Millett. Sexual PoliticsGarden[M]. City, N. Y.: Doubleday, 1970:178.

[14]（美）Herbert Barry. Margaret K. Bacon. Irwin L. Child. A Cross - Cultural Survey of Some Sex Differences in Socialization. New York: Holt, Rinehart and Winston, 1962:267.

[15]（美）Shulamith Firestone. The Dialectic of Sex[M]. New York：Bantam Books, 1970：59.

[16][17][18]（美）Shulamith Firestone. The Dialectic of Sex[M]. New York：Bantam Books, 1970：175；190.

[19]（美）Shulamith Firestone. The Dialectic of Sex[M]. New York：Bantam Books, 1970：191.

[20][21] Anne Koedt. Anita Rapone. Radical Feminism. New York：Quadrangle, 1973：52.

[22] Encyclopedia of Ethics. Lawrence Becker. Charlotte Becker. Feminist Ethics. NewYork：Garland, 1992：364.

[23] 戴雪红.女性主义对资本主义的批判：立场、观点和方法[M].北京：光明日报出版社,2010：33.

[24] （美）阿莉森·贾格尔.女权主义政治与人的本质[M].北京：高等教育出版社,2009：180.

[25] 西蒙娜·德·波伏娃.第二性[M].北京：中国书籍出版社,1998：309.

[26] 西蒙娜·德·波伏娃.第二性[M].北京：中国书籍出版社,1998：5.？

[27] 西蒙娜·德·波伏娃.第二性[M].北京：中国书籍出版社,1998：309.

[28] 西蒙娜·德·波伏娃.生命的华章. Harmondsworth, England：PenguinBooks,1965：291 – 292.

[29] 西蒙娜·德·波伏娃.第二性[M].北京：中国书籍出版社,1998：827.

[30] （澳大利亚）薇尔·普鲁姆德.女性主义与对自然的主宰[M].重庆出版社,2007：124.

[31] （美）George Sessions. The Deep Ecology Movement：A Review[J]. Environmental Review. 1987：115.

[32] Susan Griffin. Woman and Nature：The Roaring Inside Her. New York：

Harper & Row, 1978:226.

[33] 罗斯玛丽·帕特南·童.女性主义思潮导论[M].华中师范大学出,2002:364.

[34][35] Jacques Derrida. Writing and Difference[M]. Chicago: University of Chicago Press, 1978:253.

[36] 罗斯玛丽·帕特南·童.女性主义思潮导论[M].华中师范大学出版社,2002:292.

[37] Toril Moi. Sexual/ Textual Politics: Feminist Literary Theory[M]. New York: Methuen, 1985:130 – 131.

第三章　马克思主义女性主义
思想的历史探源

马克思主义女性主义是 20 世纪六七十年代出现的一个理论派别,它作为女性主义的主要流派之一,以马克思、恩格斯关于妇女的理论为依据,合理地解释了性别不平等的起源,提出了男女平等的目标,指明了妇女解放的道路,其中马克思主义的阶级分析理论、劳动分工理论、异化理论、劳动价值理论、人的解放的理论都为这一流派关于女性解放问题的研究提供了丰富的研究素材。马克思主义的女性主义者直接师承于马克思、恩格斯和其他 19 世纪思想家,他们也倾向于认同女性受压迫的终极原因是阶级歧视,而非性别歧视。妇女受压怕并不是个人蓄意行动的结果,而是个人生活于其中的政治、经济和社会制度的产物。因此要彻底解决女性受压迫的问题,就需要变革现存的政治、经济和社会制度,建立新的制度以促进妇女的解放。可以说,马克思主义女性主义者解决女性压迫问题是忠实于历史唯物主义的方法的,她们的理论主张是建立在马克思主义唯物主义历史观的基础上的,因此,具有重要的理论研究价值和意义。

一、马克思主义女性主义的唯物史观基础

马克思主义理论形成于 19 世纪中叶,这一时期正是英国工业革命消极后果开始显现的时候,大多数欧洲国家开始进行或正在进行资产阶级民主革命以推进工业革命的发展,自由主义思想成了各个国家所倡导和坚持的主流思想,为资本主义社会的存在提供了较为合理的理论解释和逻辑依据。伴随着资本主义社会的不断发展,马克思主义理论作为自由主义理论的对立面开始出现,对整个资本主义体系进行激烈的批判。马克思主义认为,自

由主义只是用抽象夸张的人人平等来证明资产阶级革命的正当性和合法性,这只是用来掩饰所有阶级分化的社会中存在的不可避免的深层次不平等。对于马克思主义者来说,阶级观念是理解包括压迫妇女在内的所有社会现象的关键,马克思主义对女性被压迫现象的这种独特解释,包括它的构成、形成原因及终结方式等内容。马克思指出未来的社会是一个无产阶级的社会,是自由民主的联合体,在这个社会中,每个人得到了彻底的解放,实现了真正的自由和平等。因此,女性被压迫的现象也将会随着无产阶级社会的到来而自动消失,妇女最终也获得了解放的地位。

(一)分工理论:马克思主义女性主义的物质根源

马克思认为,劳动的首次分工是"自然的",这是基于生物性的分工。恩格斯指出,在家庭中财产的占有是由男女之间的劳动分工决定的。劳动分工颠覆了现有的所有家庭关系,之所以会这样,仅仅是因为社会分工的变化。在以前,女性只是依靠从事家务劳动就可以在家庭中拥有一定地位,而现在却不同了,男性在家庭中占据了绝对主导权。女性的家务劳动与男性的生产劳动比起来一文不值,在现代资本主义制度下,男性的劳动是有意义的社会性劳动,女性的家务劳动仅仅是男性劳动的附庸。恩格斯所说的"家庭内的分工"系指按性别不同进行的劳动分工,"家庭以外的分工"系指畜牧业从农业分离出来的第一次社会大分工。[38]马克思和恩格斯关于社会分工的理论观点,对研究女性的社会地位的形成和变化是十分必要的。

1. 分工的形成

分工最初的表现形式只是在性行为方面。后来因为需要,应急等方面的生存需要才自发或自然形成了其他分工。马克思指出,人类只有以生理为前提的分工是不够的,人类还必须依赖生产力的发展。分工与生产的积累和劳动工具的聚集是密切联系的。按照马克思的理解,生产力和劳动分工的划分是逻辑的因果关系,一个国家的劳动分工的程度明显反映了这个国家的生产力发展水平。任何新生的生产力的发展都会促进社会分工下的劳动分工的向前发展。同时也指出,家庭形式中这一"自然产生的分工"构成了所有其他劳动分工的基础,这使得妻子与儿女成为"丈夫的奴隶",因为他拥有处置她们劳动成果的权力。即是说随着劳动分工的细化和生产力的发展,在二者的共同作用下,分工的自然性质被社会性质所取代。

2. 分工的发展

分工具有辩证运动的特点。按照马克思的说法,分工具有自然基础和社会条件两个方面的物质前提。在分析分工的辩证运动前,要明确分工的物质前提。分工的自然基础是土壤的差异性和自然产品的多样性。土壤等自然条件下的生产让农业有了剩余劳动,使得从事农业生产和工业生产的人分离有了可能。分工的社会基础即是在一定社会条件下的分工或者是一定所有制下的分工。按照马克思唯物史观的观点,分工不能脱离具体的历史环境,把分工看成是观念的范畴是错误的。马克思依据历史的发展将分工划分为部落所有制、公社所有制、国家所有制、封建所有制及资本所有制五阶段,并考察了分工的辩证运动过程。在分工十分落后的部落所有制中,分工主要表现在家庭中的自然分配,但是这时的分工已经产生了家庭矛盾——个人利益和单个家庭的利益之间的矛盾。到了公社所有制和国家所有制时,分工已经进步了,产生了城乡矛盾。城乡分工也是物质和精神劳动的首次分工,阶级关系也因此清晰化了。随着分工的不断发展,到了封建社会,分工更加细致:乡村里出现了贵族和贫民的区分,城镇里出现了师傅和工人的区分。到封建社会末期,又出现了人类历史上一次大分工:城市中出现了工业与商业的分工。这一分工的出现使生产和交往分离,促进了一类特殊群体——商人的形成。商人作为一个阶层出现又使分工再向前发展。资本主义社会中,工业革命迅速发展及对人民生产生活的影响,促使机器在生产领域广泛应用,继而加剧了社会内部的分工矛盾,多数旧体制下的工厂和作坊生产环节被大大简化,生产的产品多了,扩大了资本的积累,也使得劳动者被受剥削的程度加重。总之,分工带来的生产环节的简化,生产环节的简化又带来进一步的细化的分工,这导致机器被大量购置,整个生产的规模及分工的范围更加广泛。

3. 分工的灭亡

人的异化是由分工造成的,马克思提出了分工带给人的三个恶劣后果。首先,分工使劳动者一无所有,生产资料占有者不劳而获;其次,分工促进了生产力的提高,但是却造成了劳动力的异化;再次,社会分工造成人的单项片面发展。分工怎样才能消灭？马克思提出："个人力量(关系)由于分工而转化为物的力量，这一现象只能是靠个人重新驾驭这些物的力量，靠消灭分工的办法来消灭。"[39]当然，分工的消除并不是静态运动，而是辩证运动的动态过程。用粗糙的破坏的办法是错误的。马克思给出的回答是："个人之间天赋能力的差异，实际上远没有我们所设想得那么大，这些十分不同的、看来是从事各种职业的成年人彼此有所区别的才能，与其说是分工的原因，不如说是分工的结果。"[40]

总之，先前产生的私有制，因为社会分工，不同的男性和女性之间存在不同的物质产品的生产状况，导致男性和女性之间原有的不平等，即在经济生活、社会生活、两性生活中，男子处于主导地位、女性处于从属地位，男子是主人、女性是奴仆。马克思和恩格斯在论述阶级产生的条件时也以社会分工为前提，从而说明人类社会进入阶级社会以来女性之所以处于受压迫地位的根本原因。马克思和恩格斯认为，分工首先表示人类社会的三大因素——生产力、社会状况和意识之间经常处于彼此矛盾的状态，这种矛盾表现为物质活动和精神活动、享受和劳动、生产和消费之间的矛盾。其次，分工使上述矛盾由各种不同的人分担，而且成为现实。第三，分工还造成了私有制的萌芽和原始状态的私有制。马克思和恩格斯指出，私有制首先是在家庭中产生的。它表现为男女之间在上述三个矛盾中的不平等关系，即妻子被丈夫完全奴役和控制。真正的家庭仍然是非常隐蔽、落后和原始的奴隶制。这是私有制社会之中男女两性关系的基本形态和表现。接着，马克思和恩格斯又分析了分工的发展怎样造成了阶级的分化，使人类社会形成了剥削阶级和被剥削阶级两大对立的阶级。他们认为，分工的发展必然造成个人利益或共同利益的家庭矛盾与所有人的互动，即私人利益和公共利益的矛盾。因为在阶级社会中，人总是要结合成一定的集体，这个集体首先是一个阶级对另一个阶级的联合，形成受他们所反对的另一阶级的共同利益制约的社会关系。并且，在私有制条件下，分工成为生产资料占有者与非占有者之间分裂与对立的源泉，使一个阶级统治着其他一切阶级的关系成为各个阶级社会中处于主要地位，起着主导作用的这种社会关系。

通过上面的论述可以看出，马克思、恩格斯是用生产力的发展作为立足点来阐释社会分工理论的。马恩从社会阶级分化这一角度深刻分析了妇女受压迫这一社会现象的出现和发展,揭示了男女地位不平等的根源在于生产力发展导致的社会分工不平等,从而为马克思主义女性主义的研究奠定了坚实的物质基础。

(二)正义观:马克思主义女性观的道德基础

马克思主义在正义观上的价值基础是以个人为立足点和落脚点。马克思说:"全部人类历史的第一个前提无疑是有生命的个人的存在。"[41]马克思、恩格斯在《共产党宣言》中,提出了令无产阶级振奋的誓言:"代替那存在着阶级和阶级对立的资产阶级旧社会的,将是这样一个联合体,在那里,每个人的自由发展是一切人的自由发展的条件。"[42]马克思所说的:"每个人的自由发展"(强调个人)是对"人的自由发展"(重点是优先的整体价值)。马克思、恩格斯把正义的主旨解释为整个社会的正义,而不是某个人的个人行为。马克思和恩格斯对资本主义制度正义观的批判,是因为它使一部分人在民族的压迫和奴役下,丧失了个人自由和全面发展的社会条件,他们对社会主义和共产主义的向往,是为了每个人都能改变受压迫的现状,提供人的自由全面发展的社会条件。

马克思的正义观将单个"人"作为研究对象。西方自由主义也是高扬个体的人,个体的人性,但这决不是说西方自由主义和马克思主义的"个人"意义相同。自由主义是以德谟克利特的原子论为理论依据的,他们把人看成是超验的社会存在,认为人在自然状态下首先出现,然后通过制定的契约产生了社会,社会是个体的机械集团。马克思主义的社会与个人是与这种观点完全相反的。马克思主义认为个人和社会之间是一个相辅相成的关系,二者相互依存。社会是个人生存和发展的外部条件,而个人是社会的组成分子,没有个人的社会不可能存在,但没有社会,个体无法生存和发展。正如马克思所说:"只有在共同体中,个人才能获得全面发展其才能的手段,也就是说,只有在共同体中才可能有个人自由。"[43]马克思认为人与社会的关系可以看成是一种相互关系,社会的本质是个体人之间互相活动的结果,而"人的本质不是单个人所固有的抽象物,在其现实性上,它是一切社会关系的总和。"[44]这个著名的论点,主要有两层含义:一是在现实中,具体人的

特定的社会地位如经济地位、政治地位等,每个人的特定的思想道德状况组成了每个人的社会关系。二是指,从理论上讲,人的思想和自主意识是人精神世界富足的表征。可见,社会既是个人生存和发展的必要条件,也是个体性生存与发展的本质。因此,马克思从人性的角度批评自由主义的自由概念是建立在人们之间分离的基础上的,这是片面的。可见,在个人与社会的关系问题上,马克思主义的社会关系是与个体人互为本质的。因此,虽然从表面上看马克思主义和自由主义对社会正义的思考都是从个人出发的,但进一步看,他们有着本质的区别:自由主义所谓的的人是抽象的人,共性的人,建立在抽象人基础上的正义也必然是抽象的;马克思主义的人是具体的、历史的,存在于特定的社会关系条件下,因此马克思主义的正义也是具体的,是与个人的不同社会地位和特定现实的情况相联系的,目的在于追求每个人的个人自由和全社会的公平、正义,努力实现理想的社会制度。

马克思认为,事实上,虽然社会公平表面上体现的是人的处境,但其深层基础在于人类生活的内在追求。首先,人与自然分离,这是通过人的生命活动实现的。这种分离使得人有了自己独特的价值追求,同时人也形成了与动物完全不同的活动方式,人们不仅要从大自然中获得基本的物质资源,又要得到自我认可的价值肯定。因此,从人与动物区分开来的那一刻起,人就具有了对正义的价值追求。人作为不同于动物的社会存在,不仅要满足于个体生命的存在,也保持与社会的同步发展。在马克思主义的正义理论中,社会规范、功利和利益分配都彰显正义。马克思说,"动物和它的生命是直接同一的。动物不把自己同自己的生命活动区别开来,它就是自己的生命活动。人则使自己的生命活动本身变成自己意志的和意识的对象。"[45]总之,人是有理性、能思考的动物,人的生命活动是在反思中进行的,因此,人们才不停地思考着现实生活中的不公平,思想着怎样才能实现真正的正义,怎样在生活的这个世界实现生活条件的改善,但也提出正义的追求应该在规范的人的权益的前提下。

马克思的正义观是用现实的经济关系来分析、批判资本主义社会的。他对正义的关注不是停留在建设一个正义的理想国家,他是要建设一条道路——通向人的自由和解放的现实路径。马克思在正义观的基础上提出了对人的自由和解放的追求,这种追求是在一个超越正义的现实条件下试图深入分析现实社会,找到人们实现理想社会的自由的道路。可见,人的自由与彻底解放才是马克思正义观的终极目标。

(三)交往理论:马克思主义女性主义的前提条件

交往理论是马克思主义哲学重要理论,特别是在马克思主义历史唯物主义的创立过程中,具有十分重要的地位。"交往"是马克思社会哲学思想的重要范畴,贯穿在马克思社会哲学思想形成发展的历史进程中。

在马克思的许多著作中阐述了"交往":最早在《1844 年经济学哲学手稿》中,马克思认为人生存的基本条件是人与自然的交往。马克思、恩格斯在《德意志意识形态》中,论述了交往本身的生产、交往与生产力,先后曾用过"个人之间的交往""和他人交往""世界交往"等范畴。并提出"交往"这个术语应用范围很广,个人、社会团体、物质交往和精神交往都是题中应有之义。接着,马克思在《致安年柯夫的信》中把交往解释为人们之间所结成的各种社会联系和关系。他在《共产党宣言》和《资本论》中也使用了交往范畴,可见,在马克思主义哲学中,交往是个重要的范畴,具有独立的地位。

1. 交往的理论内容

交往是人的活动的体现形式,是人们在社会中的活动性与关系性的有机统一。生产关系是一种人参与的社会关系,而一切社会关系是在人们的交往活动中形成的,是人与人之间的交往关系。纵观马克思的经典著作,它包括:第一,交往的主体是从事物质生产活动的现实中的个人。现实中的个人在生产劳动中,在一定物质的受任意支配的前提和条件下,能动地表现自己 。可见,马克思关于交往的主体既不是黑格尔唯心主义所抽象出来的人,也不是费尔巴哈的自然性的生物学上的人。因为现实中的个人在交往中形成了家庭、氏族、民族、国家等共同体,所以出现了人与共同体之间、共同体和共同体之间的交往。第二,马克思将"生产"作为交往的前提,任何生产必须在一定的社会联系和关系中进行的社会生产,也就是说,人们的交往活动是生产活动的前提,交流形式从某种意义上也是生产,生产水平和规模的发展直接影响到交往和传播手段的广度和深度。在现实世界中,各个人之间的交往取决于他们的生产方式。第三,马克思第一次把交往区分为物质交

往和精神交往两大类型。[46]马克思指出:"思想、观念、意识的生产最初是直接与人们的物质活动,与人们的物质交往,与现实生活的语言交织在一起的,人们的想象、思维、精神交往在这里还是人们物质行动的直接产物。"[47]可以说,物质交往在人们的诸多交往关系中是最基本的交往关系,精神交往将通过思维的物质交换的新概念的引入,产生巨大的影响和作用,换言之,物质交往也是另一种性质的精神交往。总之,物质交往和精神交往是内在统一的,物质交往是沟通的精神基础,主体与主体之间的交往在马克思的范畴里是在一定历史条件下的现实的有一定的目的,通过一些中介的相互交流、相互作用、相互约束的各种活动。

2. 交往与实践

人类的社会实践是马克思唯物主义的基本出发点。对现实的人,现存世界以及它们之间的关系的理解是从具有历史性、现实性和具体性的实践出发的。实践更重要地体现在人们之间所进行的社会交往活动中,而不仅体现在人能动地改造外部自然环境的生产活动里。人们共同活动,交换劳动成果,形成了一定的社会联系和社会关系。马克思的交往理论是建立在实践的基础上。在他看来,在人类交际中产生了劳动生产。人类的实践活动本性决定了交往的所有其他形式,交往水平和关系互动决定了沟通的形式,沟通的形式包含联系和交流。实践活动和生产力的发展,促进了历史的进步和发展。交往活动在一定的历史时期,继承过去人类实践创造的优秀成果,也体现现有的历史沉淀和决定未来社会的发展模式和方向。因此,人类的交往活动在不同的历史时期呈现出不同的形式,也反映了历史上三个不同形式,即前资本主义社会人的依赖性;资本主义社会物的依赖关系和社会理想的自由人。所以,人类活动之间和谐的关系总是具体的历史活动。

可见,从马克思的实践概念的外延来看,实践和人类社会活动是一致,人类有多少种实践就有多少种社会活动。实践与交往的两个概念可以用在人类生活的各个领域。但是,交往与实践在外延相同的情况下具有不同的意义:实践侧重于在外部世界和内部世界的转变,往往交往在改造自然的过程中进行人、社会和人的情感语言、物资交流、通信与通信学科间的交流,它以实践为中介。交往与实践在以人为主体中彼此渗透,统一于人的生命活动。然而在现代社会,由于在交往过程中日益突出语言及信息传播的意义,这就越来越显示出交往的重要性,使交往与实践的区别表现得较为明显。

3. 交往理论的基本特征

(1)极强的目的性特征。为了达到一定的目的,满足特定的需要,人类才产生沟通交往。沟通的目的是交往的本质属性。这种交往能使人的主观能动性得以发挥。因此交往区别于在人们的交际活动的主体动物活动。主要体现在自己的主观意志和客观条件。交往的相互作用是人类的交际行为的前提,也是人生存的目的,是实现决策的目的。所以,在交往的过程中,人类之间的互动是一种主观的活动,是人在主观意志的控制中发挥主观能动性,对自己的理性思维,通过一些手段,来达到他们的目的。

(2)紧密的主体间性。这里的主体间性主要表现为:交往行为发生的各主体之间的交往,特别是在人际交往中,交往双方彼此作为主体和对象之间的特定关系形成的对象,它是生产工具的中介材料,是人与自然之间的不同能量交换的生产活动。在这里,主要对象是"人与物"即主客间关系,交往的主体,是创造者之间的相互关系,以及它们在一定的规范内在交换习俗和文化传统的交往框架的认识活动,同时也是在交往主体间活动中识别自己的过程,主体之间相互影响,从而实现人与人的社会关系。因此,这是一种内在的相关性、互主体性和主体间性。

(3)不以人的意志为转移的客观性。客观性即指交往的存在是客观存在的,它不以人的意志为转移。交往是由各种要素组成的,即交往、交往对象、交往对象的对象。手段是感知,存在的深度和广度是传播过程中的重要因素。交往的进一步发展是受客观条件和客观规律制约的,生产力的条件也限制了人与人之间的交往活动,制约了人与人之间的交流活动。人与人的交往发展在生产力发展的一定水平条件下必须是客观的,同时交往结果也是不以人的意志为转移的客观存在。

总之,在社会活动及各种以实践为基础的交往中,女性无论在政治、经济和文化方面都处于不平等的地位,尤其在精神交往活动中,由于受一定社会活动实践的影响,女性的精神世界是空虚的,无助的。所以在追求人的本质、实现人的全面而自由发展的道路上,女性要从政治、经济、文化、教育等

方面做出更大的努力,为实现女性的全面而自由发展提供更加宽阔的平台和空间。

二、马克思主义女性主义的理论发展

马克思主义女性主义经历了从经典马克思、恩格斯时代到现代马克思主义的思想演进和蜕变,经典马克思主义批判地吸收了欧文、傅里叶等空想社会主义关于女性解放思想的合理内核,认为妇女受压迫地位的形成是人类历史发展到一定阶段的产物。私有制是阶级压迫、性别压迫以及所有的不平等的总根源。马克思主义女性主义批判地继承和吸收了经典马克思主义关于女性解放思想,用历史唯物主义的观点解释妇女的从属地位及所受的压迫,既肯定了经典马克思主义所认为的私有制、经济因素导致妇女受压迫地位的观点,又用女性主义理论中的独特内容对其进行了补充、修正和改造。

(一)马克思、恩格斯的女性观点

在 1843 年马克思 25 岁时出版的《论犹太人问题》中,以及在未出版的《1844 年经济学哲学手稿》中,马克思讨论了代表社会发展程度的男女之间的关系。在这一层面上,私有制和所有权支配的关系,"宗教延续的关系、男女关系都成了做生意的对象,妇女也成了买卖的对象"。[48]一般来说,男性和女性之间的关系构成了人与人之间的自然需要的直接关系。这种关系通过感性的形式作为显然的事实,表明人在本质上是自然的,或者自然界在全部意义上是属人的。因而,从这种关系就可以判断人的整个教养程度。男女之间的关系揭示了人对自然状态超越,同时也表明"别人作为人在何种程度上对他说来成了需要,他作为个人的存在在何种程度上同时又是社会存在物。在一个以私有制为基础的社会中,这种关系成了异化的形式,但是共产主义社会则是人从宗教、家庭、国家等等向自己的人的即社会的存在的复归。"[49]马克思在这些论述中关注的重点是个体的"人",通常代表全人类,但也有明显的性别身份,她通过展示女性即他者的程度反映被男性影响的程度。

《神圣家族》是马克思、恩格斯的经典著作之一,于 1845 年出版,其中,

第三章　马克思主义女性主义思想的历史探源

马克思采用了费尔巴哈唯物主义的观点,以反对青年黑格尔者的激进唯心论。然而,在一些相关文章中,马克思极大地改变了他以往注重男女关系的观点。他随意意译了傅立叶的话,"某一历史时代的发展总是可以由妇女走向自由的程度来确定,因为在女人和男人、女性和男性的关系中,最鲜明不过地表现出人性对兽性的胜利。妇女解放的程度是衡量普遍解放的天然标准。"[50] 这些论述中的焦点,目前都集中在妇女对于男人的关系上,总的说来集中在妇女身上。马克思选取妇女在人与人之间关系中的地位的变化,不是抽象的人类与自然的关系,这种关系的和谐发展也用来作为社会发展的新标志。马克思在《神圣家族》中论述的女性受压迫已不再仅仅停留在观念上。马克思用尖刻的文字反对当代资产阶级关于女性观点的伪善也是事实。实际上,他也指出了当前条件下,"妇女在现代社会中的一般状况的非人性"。[51] 尽管书名讽刺性地指向家族,但其密集而冗长的论辩并未触及家庭问题。

在女性的观点问题上,马克思同其他女性主义者一样认为妇女的解放是社会进步的标志的抽象观念。但他对家庭的分析把妇女问题湮没了。马克思说:"……婚姻、财产、家庭在理论上依然是神圣不可侵犯的,因为它们构成资产阶级赖以建立自己的统治的实际基础,因为它们(它们是具有资产阶级形式的)是使资产阶级成为其资产者的条件,……资产阶级道德就是资产者对其存在条件的这种关系的普遍形式之一。不能一般地谈家庭本身。资产阶级历史地使家庭具有资产阶级家庭的性质;在这样的家庭中,无聊和金钱是纽带,这样的家庭也发生资产阶级的家庭解体,但这种解体并不妨碍家庭本身继续存在。同家庭的肮脏的存在相适应的就是那种在冠冕堂皇的词句和普遍的虚伪掩盖下的神圣的家庭概念。"[52] 在家庭真正被取消了的地方,在无产阶级那里,……完全不存在家庭的概念……在 18 世纪,家庭的概念被哲学家取消了,因为现实的家庭在文明的极盛时代已经开始解体了;但家庭的现实的躯体、财产关系、对其他家庭的排他关系、勉强的共同生活,由于有子女、由于现代城市的建筑、由于资本的形成等所产生的关系,所有这一切虽遭到无数次的破坏,但都保存下来了,因为家庭的存在必然会受它和不以资产阶级社会的意志为转移的生产方式的联系所制约的。

恩格斯《英国工人阶级状况》一书第一次审视了女性的社会地位,恩格斯主要从描述性的和历史性的角度关注女性工人阶级的实际经济状况。他坚持认为,是资本主义制度本身,资本积累和资本利益使得妇女和儿童成了资本主义劳动力市场中最廉价的劳动力,雇佣主对女性和儿童很感兴趣,而机器的发明并不具备这样的诱因。他井然有序地审视了各种生产领域的发展及其现状,纪实性地描述了工人阶级妇女的生活——作为工人、妻子、母亲和女儿。同时,恩格斯评价概述了工人阶级妇女的状况,并包含有对基本理论特征的理解。在恩格斯看来,工厂工作对女性最明显的影响是身体上的和道德上的。过长的工作时间和可怕的工作生活状况,致使女工易于患严重的骨骼变形和其他疾病。因为害怕工资降低或被解雇,怀孕妇女被迫坚持在工作岗位上,直到最后一刻。"女工们头天傍晚还在做工,第二天早上就生了孩子,这是很常见的事情;甚至在工厂里,在机器旁边生下孩子,也一点不稀罕。"[53]因为同样的原因,很少有人生育后能够在家中休息一两个星期以上。"女人常常在分娩后三四天就回到工厂去做工,婴孩当然只好丢在家里;休息的时候,她们急忙赶回去给孩子喂奶,自己也随便吃点东西。"可以想见,孩子相当虚弱;大概50%的工人阶级的孩子都活不到他们的15岁生日。一般而言,工厂区的孩子都是"脸色苍白的、腺病质的","孱弱、矮小而且发育不良"。"女孩子月经初次来潮通常都很迟,或者根本不来。"[54]

恩格斯更具体地指出了工厂中已婚女性的工作情况。"女人在工厂里做工不可避免地要把家庭整个地拆散,在目前这种以家庭为基础的社会状况下,这种情形无论对夫妇或者对小孩子都会产生最严重的败坏道德的后果。"[55]问题不仅仅是工作本身。过长的工作时间和可怕的生活、工作环境,使他们在"无休止的家庭纠纷和口角"中受到巨大伤害。而且,"如果妻子一天在工厂里工作十二三个小时,而丈夫又在同一个地方或别的地方工作同样长的时间,那么他们的孩子的命运会怎样呢"?就恩格斯在1644年的英国所能看到的情况而言,除非因工人阶级的联合行动而使情况有所改变,资本主义向下一代承诺的将是同样的状况:"孕妇一直要工作到分娩,妇女不会料理家务,家庭和孩子无人照管,不关心甚至讨厌家庭生活,道德败坏。"[56]

第三章　马克思主义女性主义思想的历史探源

《家庭、私有制和国家的起源》是恩格斯系统论述女性问题的经典之作，以至于后来的女性主义者都将这部著作作为他们的理论起点。恩格斯在书中提出："性别的不平等是人与人之间最初的诸多对立中的一种。在历史上出现的最初的阶级对立，是同个体婚制下的夫妻间的对抗的发展同时发生的，而最初的阶级压迫是同男性对女性奴役同时发生的。"[57]他认为，母系继承是人类最初的继承方式。随着生产力大发展和财富的增加，父系继承才出现并发展壮大。这是妇女史中最大的耻辱。女性作为妻子必须是忠诚于丈夫，一夫一妻制将不可逆转地出现。在原始的重男轻女父权家庭中，妻子就是仆人，而在资本主义一夫一妻制中，她成为了某个人的仆人。恩格斯将妇女问题集中在女性工作能力上开展研究，通过扼要地分析女性所受压迫的根源得出了结论。在马克思、恩格斯的著作中，女性与伦理家族地位的讨论是彼此分离的，或者，前者只补充，而把家庭看成是私有制的前提。

恩格斯依据社会经济条件的发展变化来寻求家庭形式变化的根源，由问题的根源来分析家庭的变化形式，阐述家庭发展的规律，恩格斯分析了家庭从无到有，从其产生直到延续地发展，分析各种经济条件和家庭形式的发展，他把历史现象的家庭与人们的现实生活相联系，阐述了在不同的社会经济形态的发展之间的家庭关系，他通过对现实生活条件的野蛮的、原始的、低级阶段的具体家庭，来解释表现在原始状态下的人通过活动完全形成了人的转变，这些相互关系中的辩证论述也证实了原始人群内杂乱性交的必然性，以及论述了在过渡时期人所表现出的性滥交的存在状态是错误的。

他分析野蛮的经济条件下的家庭形式的发展变化，各种形式的婚姻，群婚制等形式的起源和演化都是历史的必然。原始公有经济的共同的家庭，决定着家庭公社规模的大小，也决定着家庭的形式。随着生产力水平的提高，原始畜牧业和原始农业的出现，原有婚姻形式也相应地发生了变化，群婚制从婚制中剥离，体现了对共产制度的生产形式中逐渐解体，人口逐步增加，促进家庭和社会的巨大变化。婚姻制度的变化改变了原始家庭的形式，改变了妇女的地位，男人不可以占有多个女人，女人地位的改变使得她们自己必须保持纯贞，以保护自己在成为男人附属品的条件下更好地生存。

恩格斯经过分析和论证，人类的生活方式是由生产方式决定的。经济

关系的发展变化特性决定了人类家庭的发展和演变过程。现实的经济基础决定了家庭关系的条件。

（二）马克思主义女性主义的基本观点

马克思主义女性主义运用阶级分析方法,对工人阶级状况的分析应用到妇女问题中。这种对女性地位的描述和工薪阶层条件的描述与马克思主义描述工人阶级的状况相似。可以说,马克思主义女性主义深受马克思的女权主义思想的影响,她们的理论有明显的马克思主义的理论痕迹。马克思女性主义对马克思理论的发展,主要表现在其提出的对妇女解放的策略上和对妇女状态的描述和分析上。马克思主义女性主义强调女性的经济利益以及妇女解放的社会地位,更关注妇女参与、从事的工作等相关的问题。

1. 妇女受压迫的原因

作为占人类人口总数近一半的女性,她们发挥着不可替代的人类繁衍功能。然而,女性在社会中特别是在经济、政治中作用经常被淡化甚至否定,因而遭受歧视。针对女性的这种尴尬处境,马克思、恩格斯将人类社会作为一个系统,通过研究指出女性的压迫归根结底是资本主义生产资料私有制的结果,阶级压迫的根源和基础也在于此。此外,恩格斯还认为,女性的身休原因仍然是女性在家庭中处于从属地位的主要原因,特别是在一夫一妻制的家庭中尤为明显。可见,马克思对女性的压迫理论,突出强调阶级因素,认为造成她们的现状是私有制的影响。同时,她们在生产关系中的劣势也与她们基础生理特点有关。马克思主义女性主义基本遵循马克思的妇女观的理论传统,着重对影响妇女受压迫的状况的经济因素进行研究。不仅如此,马克思主义女性主义更加突出了这一思想,她们认为,私人劳动领域的生殖活动和公共领域的社会生产活动一样都是妇女受压迫的关键点。她们提出,资本主义剥削制度造成了女性的从属地位。解决女性从属地位的方法是让女性从事的照顾孩子、收拾家务等家务劳动实现社会化,男性也加入其中,这样性别不平等的物质基础就会消失,社会阶级中也不会再有对女性的性别歧视。事实是,社会主义国家的妇女的现状是,在社会生产中,大多数妇女参与扩大,但对女性的歧视没有改变。因此,社会主义女性主义提出,私有制并不是妇女受压迫的唯一原因,男性中心的父权制的作用也不能忽视。

2. 阶级观念的批判

在马克思的理论中阶级是指具有相同社会经济地位的人。根据马克思的观点，阶级将不会突然出现，而是经过复杂的斗争过程漫长而缓慢地形成的。在这一过程中，一群身份地位相似的、需求相同的人，聚集在一起，为了一个共同的目标团结起来形成了阶级。而在女性主义理论中，阶级的概念是在什么情况下形成的——在职业和社会分工中形成，还是在历史条件下形成，这并不重要。《性政治》是凯特·米利特的名著，在该著作中她指出："阶级是一种社会的、经济的等级制。女人往往能够超越男权制社会中通常的那种阶级分层，因为经济上的依附性使她与任何一个阶级的联系都是附带的、间接的和临时的。"[58]所以，女权主义者认为女性是一个复杂范畴，其中包含着对阶级的理解和阶级之间的互动。而且马克思对经济的过度分析忽视了性别分析，使社会性别成了关注的盲点，这也是马克思主义女性主义对马克思最不满的地方，因此，她们针对马克思的阶级理论分析，基于不完全的拒绝，又对这一问题进行了必要的补充。海蒂·哈特曼认为，"马克思主义阶级的概念范畴，就像资本本身，是没有社会性别视角的。"[59]

舒拉米斯·费尔斯通在她的名著《性辩证法》中指出，马克思、恩格斯的阶级理论可能是一个错误，因为他们总是运用经济的原因解释妇女受压迫的原因。她认为，阶级分析的方法虽然是一个杰作，但阶级分析本身也有弊端：虽然在一个线性的意义上是正确的，但没有进一步分析。对性辩证法的整个历史的基础，恩格斯也有一种模糊的感觉，但他只从经济看性别，没有看到所有的经济形式，因此不能得到正确的评价。然而，舒拉米斯·费尔斯通并不完全排斥马克思主义，而是从历史唯物主义的辩证法出发提出："性别的不平等比阶级的不平等更为基本。"[60]费尔斯通力图建构一种以性别为基础的历史的唯物主义观点。她认为，性别差异的产生是由资本主义社会复杂的男性主导系统——父权造成的。女性主义革命的最终目标必须是消除性别差异，实现男女真正意义上的平等，而不是和以往的女权运动一样，只是要求消除社会上的特权。她强调，女性这种革命目标一旦实现，人类的生殖差异所体现的文化内涵将消失殆尽。女性主义者从阶级分析的范畴，采取更加积极的姿态来解释妇女受压迫。艾里斯·杨强调,阶级是个社会范畴的盲点。社会主义女权主义者不应该以"类概念"作为自己理论的核心,因为这样根本不能说明受压迫妇女的具体情况。为了克服马克思主义女性主义理论的限制,社会主义女性主义运用资本主义和父权制的相互作用来进行详细分析,从而得出妇女受压迫的原因。于是,马克思主义女性主义和社会主义女性主义开始了理论博弈。

3. 性别分工

恩格斯在《家庭、私有制和国家的起源》中指出,"在野蛮时代,劳动分工是纯粹自然产生的,它只存在于两性之间"。[61]因此,恩格斯得出结论,男女身体性机能上的差别是两性分工的原因。然而,私有制后,保证妇女能够占主导地位的劳动只限于从事家务劳动,这是女性在劳动中体现的超越男性的优势。而男性的劳动是多方面的,是家庭经济的支柱,妇女的劳动是可有可无的。在马克思、恩格斯的"分工"理论中明确提出了两性关系不平等的根源在于性别分工。马克思主义女性主义者认为,这种观点是只考虑了劳动的妇女在家务劳动中的工作的划分,而没有考虑技术因素和教育水平的差异。同时,马克思的女权主义也指出恩格斯对两性分工原始根源分析不足。简·弗莱克斯认为,在恩格斯的作品中没有说明分工形成的原因,他只是指出,在氏族社会中,男人主要从事生产劳动,女人重点从事家务劳动。对妇女解放的问题,妇女可以走出去,甚至是参与社会性的生产劳动,女人受压迫的命运也不能有丝毫改变。马克思主义女性主义者们以马克思的理论为基础,但女性理论的侧重点不同,社会主义女权主义认为性别压迫不能从经济地位的独立和劳动妇女的工作性质的角度来解释。阿利森·贾格尔认为,马克思主义女性主义的观点对女性受男性压迫很少提到,而这正是她关注的焦点。总之,马克思主义的女性主义认为,资本是女性受压迫的第一要素,而男性仅仅是女性受压迫的第二股力量。贾格尔进一步指出,马克思主义女性主义并没有说明这个问题。即使有,也是简单劳动的类比,例如,婚姻和卖淫的比喻,不区分妇女在家庭内外所受的不同的压迫。贾格尔认为,造成这种类比的原因是马克思主义女性主义者把马克思主义对女性所受的特殊压迫与马克思主义的主要理论相结合,将阶级和社会性别整合到同一个哲学系统框架内进行控诉。

4. 家务劳动

恩格斯在《英国工人阶级状况》一书中第一次审视了女性的社会地位，他认为家务劳动是必要劳动的组成部分，在资本主义生产领域之外实现。要进行劳动力的再生产，就需要必要劳动的家庭部分和社会部分。缩短家务劳动的一个主要方式是使其社会化。比如，自动洗衣店、快餐店，将家务劳动变成盈利产业，这也为资本主义企业家提供了新机会。必要劳动在资本主义社会完全被社会化。其主要的障碍是经济上的，当然在资本主义社会中家务劳动有缩短的趋势，但是只不过是一个普遍的趋势，并不能改变女性受压迫的现状。

玛格利特·本斯顿在她的《妇女解放的政治经济》著作中提出了她自己的家务劳动的观点。她指出，任何的经济运行分析都应该将家务劳动作为重要的劳动类别进行认真分析，现在这种将家务劳动作为可有可无的对象的做法是错误的。马克思和恩格斯描述了在资本主义制度下，妇女的劳动显得微不足道。这是因为妇女的家务劳动没有交换价值，而只有使用价值。因此，无偿的家务并不是真正的工作，因而从事家务劳动的主体也不被重视。本斯顿认为从事家务劳动的妇女是一种与生产工具有不同关系的群体，她们的工作与男人具有同样的价值。她将这类女性暂时定义为一组负责使用价值和与家庭简单生产活动有关的工作者。因此，对妇女解放问题，本斯顿提出的前提是将私人非市场性工作纳入到公共事务中来，也就是实现家务劳动社会化。本斯顿强调，妇女如果不能从繁重的家务劳动中摆脱出来，那么，女性既要承担家务又要从事社会工作，那么结果只能是承受更重的压迫。可见，本斯顿认为摆在首位的应该是家务劳动社会化，而不是一味促进妇女进入公共劳动，这只会让情况更严重，妇女受压迫程度更深。科斯特和谢尔玛·詹姆斯在《妇女与社区的颠覆》中指出，"妇女的家务劳动是生产性的，有用的不仅是产品性能，而且能创造剩余价值"。科斯特和詹姆斯呼吁，对女性所承受的内部和外部的不平等要结束，家务劳动需要支付工资。然而这种观点在学术界富有争议。

三、马克思主义女性主义的内容透视

马克思主义女性主义对马克思关于女性的从属地位和受压迫的女性主义的历史唯物主义的观点解读,肯定了经典马克思主义从私有制、经济因素对妇女受压迫地位的分析,又对女性主义理论观点进行了有意义的转型,并提出了女性主义理论的独特内容。这些观点从不同方面丰富了马克思主义的女性理论,激发了妇女运动的新纪元,女性主义理论找寻到了一个新的方向。这里着重阐述最具代表性的人物并对其代表性观点进行分析,以期对马克思主义女性主义理论有一个总体的把握。

(一)女性在婚姻家庭中的地位变迁

艾里斯·杨是当代英美马克思主义女权主义的代表人物。它的正义理论、民主理论和女权主义理论研究是她的代表思想理论。在艾里斯·杨看来,资本主义和父权制是同一的,这也是当代女性受压迫的根源。艾里斯·杨在她的文章《超越不幸的婚姻:对二元制理论的批判》中指出,随着前资本主义经济演变为资本主义经济,妇女的地位相对下降了。在资本主义制度以前,男女之间的婚姻关系是一种"经济上的伙伴关系",妻子并不指望着丈夫的经济给予和供养。她们通常保留自己的财产,在以家庭为基础的经济活动中,与丈夫并肩劳动,甚至在同等条件下与配偶一起参加行业协会。但是,资本主义制度改变了这一切,男人和女人之间的"经济伙伴关系"解体了。"资本主义的力量把工作场所和家庭分隔开来,把男人作为首要劳动力送到工作场所,而将女人作为次要劳动力限制在家中,一种新待遇在男女之间确定下来了。妇女变成了劳动力的后备军。"[62]这一点我在前面已经提到。因此,"当新的工厂(如新英格兰的纺织厂)开工时,妇女通常被雇佣去填补开始时的空缺;当男人们必须去打仗时,妇女立即接手工厂的工作;而老兵一旦从战场返回,妇女又被送回家中。"[63]杨引用这样一些例子来支持她的论点:"妇女的边缘化"对资本主义是至关重要的。她也引用了塞·波赛瓦普的著作,波赛瓦普在书中说明了这一现象,随着她们国家向资本主义经济的转变,第三世界的妇女迅速从主要劳动力变成次要劳动力。艾里斯·杨认为,"工业资本主义出现之前。家长、孩子和所有的亲戚一起工作,这时家庭就是生产工厂。人们和睦相处,延绵后代,妇女和男人的工作同样重要,她们从事的烹饪、包装、收集、养育子女等工作是重要的劳动,因此妇女在整个家庭中的地位很高。然而,工业化的进步改变了这一切。物质生产不再局限在家庭中而是开始在工厂等公共场所中进行,而女性并没有随着这种转变而进入社会生产领域从事社会生产性活动。女性在人们心中的形象和位置都发生了改变,于是,男人和女性的地位发生了变化。"艾里斯·杨用性别分工来分析资本主义社会中现实的女性,她的结论是:女性被边缘化,女性成了次要劳动力,这是资本主义的本质特点。艾里斯·杨认为,要理解妇女的地位必须首先明白女性边缘化是资本主义制度的需要。

种族一出现,资本主义就开始用种族区分劳动标准,但这不能动摇性别因素作为劳动力区别的标准的地位,可以说,人类进入资本主义社会之后,性别一直是最明显的分工标准,所有其他因素都在其后。艾里斯·杨对女性的状况和形成这种状况的原因进行了分析。一方面,在整个资本主义的历史发展过程里,妇女扮演着劳动后备军的角色。女性是这样反映自身存在的价值:首先,女性们成了劳动力基地,这些工人可以被雇佣从事一些新工种,这并不影响已经工作的工人的就业。每当新开始一个工厂,或者新产生某个行业,又需要大量新工人,女性就作为这部分领域的劳动力出现在工厂或者新行业中。其次,女性是雇主提供低工资的保证。资本家往往夸大性别在工作上的差异,强调女性没有男性能干,或者效率低,并以此来管理工人。艾里斯·杨列举了资本主义的生产中的真实案例:无产阶级发动罢工运动时,女性总是成为所谓的罢工工人的替班;例如,在资本主义生产出现机械化的时候,资本家为了降低成本就雇用妇女和儿童解雇男工,但是当男人也开始降低工资时,他们又解雇了妇女和儿童,再雇佣男工。20世纪30年代经济大萧条期间,资本家以同样的方法解雇大量男性工人而用女性工人,直到男性工人的工资降到了资本家的预期工资,他们又故技重施——用男人代替女人从事工作。艾里斯·杨因此得出结论,在资本主义社会,女性总是成为男性的替代品作为次要的劳动力而存在。另一方面,资本主义意识形态使女性劳动边缘化状态加深。在前资本主义社会,更接近于家庭的宗法思想和传统女性劳动任务存在的本质,使女性劳动可以处于次要地

位的边缘化。然而,"资本主义意识形态却把妇女同家庭范围的联系和同家庭以外的脱离大肆扩充,无限夸大,同时使之变得十分平凡琐碎,这是不容否认的事实。"[64]

杨认为,资本主义社会是无法简单地使用或适应性别等级的。从一开始,它就是建立在男性为主、女性为辅的性别主次关系上的。资本主义制度的本质属性的特殊表现形式就是对女性的压迫。杨自信地说,如果你能找到一个女性劳动力尚未在资本主义社会中被边缘化,那么我们可以认为,女性劳动边缘化的固有特性不属于资本主义,但我们无法找到这样的例子,即使在那些已经进入资本主义社会,其中女性劳动力已经成为经济中心的领域,资本主义也会使女性劳动边缘化。

（二）女性的"身份认同"诉求

马克思主义女性主义理论是探讨马克思主义理论和女性主义理论之间的最佳结合点,试图建立独立的和妇女解放的理论基础,并指导妇女解放的实践。这是性别压迫和剥削阶级的压迫和剥削的副产品,这主要取决于性别平等在资本主义向社会主义的转变消除的实现。资本主义和父权制的颠覆是实现妇女解放的基本条件,为此它提出了全面的经济、政治、思想文化和人的存在状态等方面的社会变革策略。虽然这些策略并没有实现将马克思的社会主义理论与女权主义目标相结合的理想,却提出了许多对丰富和发展性别平等理论具有重要推动作用的思想。

1. 玛丽·沃斯通克拉夫特女性身份认同的社会主导价值观

在18世纪的英国社会,英国妇女已经觉醒,由于各种各样的迂腐的偏见和男权婚姻法,妇女在社会中不受认同。《已婚妇女的婚姻法》的规定表明,已婚妇女财产自动归于丈夫所有。"结了婚的女人",在法语词汇中,指的是一个已婚妇女的身份是隐藏在她丈夫的身份后面的。因此,女性的地位只能建立在中产阶级男性价值认同的基础上,受到社会主导价值观的牵制。在这样的背景条件下,自由主义女性主义应运而生,凯瑟琳·麦考利和玛丽·沃斯通克拉夫特就是她们中的代表。她们认为教育的不配套是妇女社会地位低下缘由。麦考利撰写的《教育信札》深深影响了后来的女性主义者。玛丽·沃斯通克拉夫特的《女权辩护》被称为西方自由主义的第一部作品。

58

在这本书中,沃斯通克拉夫特批判男性和女性通过智能而分类的不公平做法,指出必须培育妇女的知识和道德水平,倡导女性要提高理性修养。沃斯通克拉夫特认为女人被困在一个"弱者和不幸的境地",重要的因素就是"教育的错误引导"。在《女权辩护》中,沃斯通克拉夫特有力地攻击中产阶级男性价值观对女性的误导。她尤其反对卢梭的观点。认为是卢梭将女性的美德、错误的教义写入了自己的作品中,在这些思想的影响下,世界各地的妇女在"遗憾"的境地下生活。沃斯通克拉夫特为女人重获尊严慷慨激昂地呼吁,通过接受正确的教育是对身份的理性的培育和建设。在18世纪末到19世纪中期,英国社会经历了社会性变革,工业革命的到来改变了现有的生产关系,乡绅阶级的社会地位受到前所未有的冲击,新兴中产阶级走上了历史的舞台。新兴中产阶级的出现带来了一种全新的认知感受,这种认知迅速与资本主义社会的主流意识形态相互渗透。最终中产阶级的价值观成了英国社会的主导价值观。因为这个价值观是中产阶级社会成年男性的思想代表,女性身份必须建立在价值观认同的基础上。

在《女权辩护》中,我们可以看到,富裕是如何使这些18世纪已婚的资产阶级妇女成为受害者的。沃斯通克拉夫特把这些养尊处优的妇女(她希望激励她们去追求,作为充分发展的人而存在)比喻为"装饰羽毛一族",她说:"这些妇女像鸟儿一样被限制在笼子里生活,除了整理自己的羽毛,除了'装腔作势地在栖身之处高视阔步'就没什么事好干。"[65]在沃斯通克拉夫特的评价里,中产阶级的太太们是"被圈养"起来的妇女,她们为了其丈夫所能提供的无论什么声望、乐趣和权力而牺牲了健康、自由和美德。因为不允许她们到户外活动,以免晒黑了女人雪白的肌肤,她们身体不健康。因为不允许自己做决定,她们没自由。因为不鼓励她们发展自己理性的力量——倘若是沉溺于自我和取悦他人、特别是满足男人和孩子们,这还可以得一大笔酬金;因此她们也缺乏美德。沃斯通克拉夫特虽然没有用类似"社会性别角色""社会建构"这样词汇,但她认为妇女并不是天生就是喜好寻欢作乐的。她论证说,"如果把男人限制在妇女发现自己被锁入的同样的笼子里,他们也会演变出同样的性格。"[66]沃斯通克拉夫特提出,如果将男人和女人处在同等的条件下,都丧失理性力量,都成为没有道德的人,那么 男人也会

和现在的女人一样,变得非常"情绪化"(emotional)。沃斯通克拉夫特在这里将女性的极端自恋、敏感脆弱与过度沉溺在自我的世界紧密相连。

沃斯通克拉夫特厌恶卢梭的《爱弥儿》。在这部教育哲学的经典著作中,卢梭描绘了对于男孩来说最重要的教育目标——理性的发展,而这个目标却不是对女孩而言。卢梭认为,人应该是教育的主体,但是对于男人和女人培育的方向应该有所区别。男人应该培养他们拥有勇气、节制、正义和美德,而女性应该是教育她们拥有诸如耐心、温柔、幽默感和灵气等品质。因此,卢梭理想的男子爱弥儿研究人文科学、社会科学和自然科学;而他理想的女学生索菲则涉猎音乐、艺术、小说和诗,同时对自己持家的技巧精益求精。卢梭希望,爱弥儿在生活中磨砺出具有男性特征的敏锐的思维和无限正义的能力同时限定索菲的聪明和敏感的思维能力,这样爱弥儿就成了自治自律的公民和恪守本分的一家之主,而索菲则成为善解人意、尽职尽责的贤妻良母的形象。沃斯通克拉夫特同意卢梭对爱弥儿的设计,但不同意对索菲的设计。她说,"以我对中产阶级女子的了解,我预料到,索菲在'小说、音乐、诗歌和男人献殷勤'这一套稳步灌输下,非但不能成为丈夫的贤内助,反而会造成祸害。"[67]她的荷尔蒙汹涌、激情爆发、情绪反复无常,索菲根本不懂如何履行她作为妻子、特别是作为母亲的职责。在沃斯通克拉夫特给索菲设计看来,让她像爱弥儿一样,给她提供各种受教育的机会,使人们能够发展理性和道德魅力,充分挖掘其内在的潜力。更多时候,沃斯通克拉夫特还利用功利主义的说法来进一步表达自己观点,以支持女性获得更多教育的机会。当时社会,理性和独立的妇女与感性和依赖的妇女形成对比,在人们眼里,那些为躲避家庭的责任而选择逃避,并且沉溺于自己肉体的欲望达到满足的女性是遭到社会的唾弃的。理性、独立的妇女将被赋予更多的词汇,沃斯通克拉夫特说,真正受过教育的妇女应该展示给人们这样的形象:女性会珍惜时间、珍爱生命,将全部的精力放在有意义的事情上,不仅善于打理家务,懂得教育孩子,而且能够为社会作出重要的贡献。

2. 女性身份认同的政治主张——波伏娃

波伏娃对妇女受压迫的种种特征做出了独特的理论阐述,要检验她的观点,一个很好的方式是思考她对这一问题的分析:女人是如何成为他者的。《第二性》的前三章分别题为:《生物学的论据》《精神分析学的妇女观》《历史唯物主义的妇女观》。在这三章中,波伏娃依次讨论了如下三个问题:一是女性是如何与男人产生差别;女性如何从男性或者说人性中分离开来;女性怎样从性别上比男性更低劣。波伏娃指出,尽管生物学家、弗洛伊德学派精神分析家和马克思主义的经济学家都阐明了妇女的"他者"性质,但是,存在主义的哲学家对此提供了最深刻的解释。[68]波伏娃认为,社会生物学提供了事实,根据自己的目的来解释社会。例如,生物学描述男性和女性生殖的作用:"虽然雄性生命通过精子在另一个生命中得到了超越,但在那一刹那,精子对雄性却变成了陌生者,从它的身体当中分离出来。因此,雄性在超越其个体性的同时,又完整地将其予以恢复。相反,当卵子完全成熟,从卵泡里脱颖而出、落入输卵管时,它便开始了同雌性身体的分离过程;但若来自外部的一个配子使它受精,它则因被植入子宫又变成附属的。雌性先是被侵犯,后来便发生异化——它在某种程度上变得有别于它自己。"[69]在波伏娃的《第二性》书中已经承认,妇女无论在生物学范畴和生理结构上都存在与男子截然不同的差别,她们经常在生活中获得次要的、被动的角色和有别于男人的对待。尽管我们承认了这些显而易见的事实,但是作为女性自己,事实赋予我们什么样的价值,大多的时候取决于我们自己和自己的内心,或者完全取决于作为社会存在的自我体验。

波伏娃提出,单单是生物学上的身体不足已将女人界定为女人,"活生生的现实是由有意识的个体通过行动在社会内部所呈现的现实,除此之外,没有别的真实存在。生物学不足以回答我们面临的问题:为什么妇女是他者?"[70]波伏娃舍弃生物学而求助于心理学、特别是精神分析学说,希望能更好地解释妇女的他者性质,结果令她失望。根据波伏娃的看法,传统的弗洛伊德学派讲述的关于妇女的故事,在本质上是完全相同的:女性是这样的造物,她必须在她的"阳性化"(viriloid)和"阴性化"(femine)这两种倾向之间挣扎;前者表现为阴蒂性欲,后者表现为阴道性欲。要赢得这场战斗——成为正常的女人——妇女必须克服她的阳性倾向,把她的爱恋从女人转向男人。波伏娃承认弗洛伊德的天才构想,她认为,弗洛伊德勇敢地提出了性欲是人类处境的终极解释,这是天才的表现;[71]波伏娃对"性"有着自己独特的理解。她说:"没有必要把性看作最基本的数据,因为在生存者来说,还有更原始的'生存追求',性只是其中的一个方面。精神分析学家们认为,关于人最重要的真理在于他与自己身体的关系以及在他所属群体中与同伴身体的关系。但是人对围绕着他的自然世界的实质有着基本的兴趣,他希望在工作、娱乐和所有那些'能动的想象'经验中发现这个世界的实质。人渴望与整个世界具体地融为一体,这是可以用所有可能的方式理解的世界。在土地上耕作、挖掘地洞都是和拥抱、性交一样的原始活动,在这里只看到性象征的人,他们是在欺骗自己。"[72]

换句话说,文明不能简单地解释为仅仅是压抑的冲动或欲望的升华的产物。文明比这复杂得多,一个男人和一个女人的关系也是如此。波伏娃尤其认为,弗洛伊德对妇女的他者性质所做的解释是不完整的。她批判弗洛伊德一派告诫妇女所谓"女性比男性的社会地位低,是因为女人没有阴茎"的说法,认为这种说法是完全荒谬的。早在几十年前,波伏娃就提出了以后美国妇女运动作为宗旨的观点,她拒绝承认女性的生理功能决定了她们的命运,对女性的宿命成为二等公民的地位并不认同。"女人羡慕拥有阴茎者,这不是因为她们想要阴茎本身,而是因为她们渴望得到社会给予阴茎所有者的物质和心理特权。"[73]因此,社会也不应该把男性的社会地位归因于男性生理功能,女性对"阴茎"向往并不是因为女性缺乏阴茎,而是因为女性缺乏同男性一样的力量。在这里,"阴茎"代表着"权力和力量"。

在波伏娃的思想中,这个所谓的女人,和弗洛伊德的解释是不能令人满意的。恩格斯指出,女性从事的工作如烹饪、清洁和抚养孩子工作都是自在性的工作;而男性从事的诸如狩猎、战争等工作都是自为的,因为这些工作涉及用工具来征服世界。从那以后,男女的性别分工被固定下来,男性由于工作性质而占有了生产资料,因而也成了有产者,而女性丧失了生产资料变成了"无产者"。在这种情况下资本主义沉默不语,因为它不会支付女性家务劳动的工资。资本主义使得留守在家庭中从事家务劳动的妇女成为免费劳动者。如此,男人将一直是"有产者",而妇女是"无产者",这种状况直到资本主义被推翻、男女平等地拥有生产资料才结束。恩格斯说,"到那个时候,也只有在那时,劳动分工才不会依据个人性别,而是基于个人从事某种工作的能力、准备和志愿来进行。"[74]波伏娃认为,作为牺牲自由的代价,妇女获得了"婚姻"的所谓幸福。女人学会了随遇而安:"她把自己关在新家之内,心里并非毫无遗憾。当她还是个小姑娘的时候,整个乡间都是她的家园,整个森林都是她的。现在,她被限制在一方狭小的空间,大自然被缩小到一盆天竺葵大小的地方,墙壁阻断了她的视线。然而,她正准备开始克服这些限制。在多少有点昂贵的古董里,她拥有异国风情和过去的时光;她又有代表着人类社会的丈夫;她还有自己的孩子,孩子是她怀抱中的未来,她因而拥有整个未来。"[75]如果说,妻子角色限制妇女发展自我,母亲角色更有甚之。[76]如同激进主义的女性主义者费尔斯通一样,波伏娃怀疑所谓怀孕的喜悦。她认为,即使那些想要孩子的妇女,怀孕对她们来说也是一段艰难时光。在另一方面,波伏娃也和费尔斯通一样,她担心母亲与子女的关系是如此容易受到扭曲的关系。刚开始,孩子似乎把她的母亲从对象的状态中解放出来,因为她"在孩子那里得到了男人从女人那里寻求的东西:一个他者,在天性和精神上都是一位他者,这既是战利品也是一位替身。"[77]然而,随着年龄的增长,孩子们逐渐变得苛刻和暴躁。从幼儿到成人,青少年,成为一个具有自主意识的主体,主体的意识让孩子看到她的妈妈成为做饭、洗衣的工具,是一如既往的牺牲品。作为客体的母亲减少了机能,她也开始处理和使用他们的儿童为对象,儿童可以弥补她的失望的事情。

这里很清楚,在波伏娃的评价中,"妻职"和"母职",这两个女性角色都是限制妇女自由的。然而,所谓妇女的职业角色却也同样如此。波伏娃强调,和贤妻良母一样,职业妇女也逃不出女性气质的囚笼。事实上,在某些方面,职业女性比家庭主妇或母亲的情况更糟,因为人们对职业女性的期望值更高,希望职业女性无论何时何地,她们的行为都要像一个女人。换句话说,人们期待一个职业妇女把她的"女人气质"中具有的"责任感"融合到自己的工作中。也就是说,社会对于她们的要求是双重的,既希望她们有美好的外貌,又希望她们具有内在的能力。这样的后果是造成了女性的变态人格。她们挣扎在职业女性和女性气质之间。当然,虽然所有的妇女都在尽力扮演女性气质角色,但是根据波伏娃的看法,只有三种妇女是完全彻底地投入"女人"角色的。这三种类型是:妓女、自恋狂(the narcissist)和神秘主

义者(the mystic)。波伏娃对妓女的分析很复杂,一方面,妓女是妇女作为他者、对象和被剥削者的范式;另一方面,妓女像购买妓女性服务的男人一样,她也是自我、主体和剥削者。波伏娃指出,妓女卖身为娼不仅是为了钱,也是为使男人向她的他者性质致敬。

3. 后现代身份认同的差异性——朱莉亚·克里斯蒂娃

在所有后现代女性主义者之中,朱莉亚·克里斯蒂娃是最有争议的人物。她明确地拒绝由法国理论家和行动主义者所定义的"女性主义"。然而,克里斯蒂娃不承认人们在法国所理解的女性主义,这并非必然意味着她反对在美国被理解为女性主义的目标和策略。由于这一理由,同时,还因为"克里斯蒂娃对女性主义的拒绝可以给我们提供关于女性主义的重要教训",所以思考克里斯蒂娃的观点有其重要性。后现代女性主义在 20 世纪 60 或 70 年代经历了动荡,进入 80 年代后,在第二波女性主义政治遗产的继承者中的年轻一代,同时受到这一领域的限制,女性主义者们开始反思妇女解放运动。她们意识到女权运动由发达国家倡导的政治抱负,仍然是在北半球为西方资本主义的核心、中产阶级、白人、异性恋女性的价值观和身份的追求。新一代的女权主义者的现代结构主义和后结构主义理论的影响开始质疑女权主义如"身份"和"万能的姐妹"等一系列核心概念。基于上述理论的中心思维方式和多样性,在女性主义的过渡时期,平等的争论注重观念的差异。与这场变革理念相吻合,在西方后现代语境下的后现代范式开始转变,后现代女性主义诞生了。

根据克里斯蒂娃的观点,象征秩序,这也是建立意义的秩序(the order of signification),或者说是社会领域;它由两个要素构成:"一个是从前俄迪浦斯'领地'渗入的符号要素,另一个是仅仅存在于象征秩序的象征要素。"[78]象征元素的含义是创造允许我们做出理性的判断的方面,该元素促进了线性的、理性的、客观的和适合写作的语法规则的产生。象征期是在象征秩序内存在的静态平衡要素。与象征要素相对应的是符号要素,符号要素的意义是创造我们表达感情的方面。可以说,符号元素是"推动感情建立意义的内驱力",它打破了规则的写作,打破了象征要素建立起来的语法和句式。符号也是在象征秩序内被拒绝的要素,是克里斯蒂娃所称之为的"被蔑视"

(the abject)的要素。克里斯蒂娃相信,一个能够自我解放的人是可以在象征元素和符号元素之间自由活动的,这两个领域并不是完全分离开的,二者一个是前俄狄浦斯的母性领域,另一个是俄狄浦斯的父性领域,这是一方面;另一方面,象征秩序之内的意义创造的符号方面和象征方面的辩证法。换言之,她提出,"解放了的人是能够在'女性气质'和'男性气质''混乱与秩序''革命与现状'之间自由行动的人。"[79]

克里斯主义反对将"女性的"简单定义为女人的生物学意义,"男性的"简单定义为男人生物学意义。她认为,当孩子进入象征秩序,他或她是一样的,认同父亲还是母亲都是一样的含义。根据这里做出的"选择",这个孩子或多或少会是"女性气质"的或"男性气质"的。因此,男孩可以身为男孩,以"阴性"模式写作,女孩也可以身为女孩,以"阳性"模式写作。克里斯蒂娃的观点中最有趣也最有争议的也许是这一论断,她宣称男人的"阴性"风格写作比女人以同样风格写作更具革命性的潜能。当男人像女人那样讲话,就会被说成是"娘娘腔",这种文化上的躁动要比女人像男人那样讲话更强烈。克里斯蒂娃强调的并不是特有的性差异,而是强调存在的普遍差异性。对传统观念中对二元生理性别和身份的说明,她是持怀疑态度的,但是克里斯蒂娃也承认男人和女人之间的性差异的存在。正如精神分析的女性主义者丁内斯坦和乔多罗一样,克里斯蒂娃把性差异放在了婴儿和母亲的关系中考察,但她对这种关系的解释是孩子的性别身份是在同母体分离和斗争中形成的。"男性的斗争不是以拒绝母亲身体而是以'蔑视'它来进行,男性重新想象这个身体,把母亲的身体想象为如此对象,母体代表着作为人的一切可恶之物(大便、血、黏液)。相反,女性越认同母亲的身体,就越难以否定或蔑视这个身体。在一定程度上,否定或蔑视母亲的身体实际上就和对妇女本身的态度相联系。"[80]妇女和社会上其他"不合时宜"者如犹太人、吉卜赛人、同性恋人群、伤残人及病患者一样,都被归于另类,与克里斯蒂娃在其他论述中所说的相反,这一认同似乎认为妇女远比男人更适于进行革命。

克里斯蒂娃认为男人和女人在性方面具有差异性,但身份并不是所谓"女性"和"男性"本身以相同的方式进行反映的。克里斯蒂娃认为,在哲学本体论上,"妇女"一词是一个并没有什么意义的概念,"妇女"只是政治层面

的意义,女人的信念和男人的信仰几乎是同等荒谬无知的。这是因为仍有许多女性可以达到的目标,比如堕胎和避孕自由,托儿中心,平等的工作权。因此,我们必须使用"这是女人"的观点,我们要求广告或横幅都打出"我是女人"作为我们斗争的口号。然而,"在更深的层面上,一个女人不可能'是'某种本质存在;它甚至不属于这个存在秩序的事物。"奥利弗对克里斯蒂娃的观点进行了解释:"在美国,女性主义者正在奋力斗争解决这同一个问题。女性主义运动已经不能不去认识,正是白人中产阶级运动起着排斥妇女的作用,排斥了那些在利益和需要方面有所不同的妇女。颇为矛盾的是,一旦女性主义开始定义'妇女',它也就开始排斥所有不同类别的妇女了。"因此,克里斯蒂娃最终认可的仅仅是女性主义运动的某些方面,在这些方面,女性主义运动瓦解身份或者提供不明确的身份,特别是性的身份(sexual identity)。

后现代之后,在现代话语内部发生的又一次嬗变。1996年,美国学者苏珊·弗里德曼撰了一篇题为《超越女作家批评和女性批评:论身份疆界说以及女性主义批评之未来》的文章,她在文章中认为主体性不仅是多重的和矛盾的,同时也是相关的。身份的任何一个坐标轴,如社会性别,必须同其他坐标轴联系起来理解,如自然性别和种族等。第五种话语———主体身份情境论的出现伴随着文学研究与后殖民研究、旅行理论以及人种之间日益密切的关系。同社会关系论一样,主体身份情境论也拒斥身份的一成不变,强调社会身份从一个背景流动到另一个背景。最后一种关于身份的话语———混杂主体论直接来自于对少数族裔、后殖民以及族裔散居的研究,它强调地理迁徙带来的文化移植。这种主体论建立在人类在全球范围内从一地到另一地的空间运动之上。地区之间的移民促成了不同文化之间的交流,进而导致身份成为文化嫁接的产物。苏珊·弗里德曼深谙后结构话语理论,她的"身份疆界说"质疑身份的稳定性,但未陷入后学理论中甚嚣尘上的"主体死亡论",将女性身份定义为基于各种文化因素的差异性,附着于由话语实践构建的多重异质性主体身份的节点,且该身份并非一成不变,它具有流动性以及暂时的稳定性。"身份疆界说"揭示了女性身份认同理论话语内部的进一步差异化嬗变过程。由于主体位置的内部差异化以及身份认同样态的多样化,女性身份也更具差异性与多样性。从深受西方启蒙思潮影响的启蒙现代性主体到后现代语境下的多重异质性身份,女性为重写历史上这长期以来的"他者"身份,为构建生命的自主性和能动性付出了一代又一代艰苦卓绝的努力。这其中既饱含着女性在女权运动等政治运动中彰显的实践精神,也渗透着学界对菲勒斯逻各斯中心机制以外的思维模式与文化秩序的不懈探索。本文从女性身份认同理论话语内部三个重要的裂变点梳理了该理论话语的三重嬗变,揭示了女性身份认同从同一到差异的演变及其不断差异化与多元化的嬗变趋势,构建起身份认同知识话语场中一个不可或缺的部分。"在女性为获取主体身份而远足跋涉的智性之旅中,不仅高扬着人性与诗意,更体现出沉静孤绝的生命意志。它不断吸引和激励着一代又一代学人以灵性和体验深切感知着真实的生活,在生活中汲取理论的源头活水,在理论中践行深刻的生活批判。"

（三）家务劳动的工资化

不同于传统的各流派女性观,马克思主义女性主义不仅关注女性在传统社会劳动——家务,更多的关注公共领域以及私人领域和劳动妇女的再评价。马克思女性主义提出了许多发人深省的问题:女性的历史如何能脱离家务? 繁重家务劳动如何才能受到重视? 家务劳动如何定性——是生产性的还是非生产性的? 家务劳动与剩余价值的关系如何?

在 20 世纪 70 年代,玛格丽特·本斯顿在《妇女解放政治经济学》中使用了马克思的劳动价值分析理论来论证自己的观点。她提出了一个尖锐的学术问题,激起了学者们的激烈争论。家务劳动作为一种生产性劳动是否符合马克思的价值规律? 这一提问将关于女性问题的争论从阶级压迫范畴引向了价值层面。一些学者主张家务劳动不能生产产品因此不能生产剩余价值,但是由于女性有生育能力因此她们能够生产劳动力价值。因此,家务劳动的作用应该和社会劳动的作用同等重要。于是持这种观点的女权主义者们提出要把家庭作为反抗父权制和资本主义压迫的主战场,妇女不需要进入劳动力市场从事社会生产性劳动,家务劳动必须实现和社会生产一样的工资支付化。

关于家务劳动的争论一旦展开,引发了"为家务劳动支付工资"的运动。

马克思主义的女性主义者试图通过这一运动解决家务劳动的"不可见"问题，揭露资本主义对女性再生产劳动的"隐性"依赖。马克思认为，工资是劳动力商品的价值。参与"家务劳动纷争"的学者指出，这个定义存在分歧，并提出了许多重要问题：工资支付的是个人的还是家庭的？根据家庭成员来分配薪水吗？资本主义制度存在工资水平的内在倾向的影响吗？与标准工资家庭结构之间的关系是什么？那些坚持认为家务劳动也创造价值的人经常指出，在家庭中一袋工资不可能平等地分配。他们认为，薪酬是一个载体，男性劳动力体现的女性的价值被转移到了雇佣者手里。许多人还认为，妇女的无酬家务劳动使资产阶级支付不低于劳动者工资的价值，劳动只是生产使用价值，他们试图指出劳动力在从事家务的社会价值，并试图区分劳动价值的生存水平。

1. 马克思主义女性主义者中支持家务计酬的论点

玛莉亚罗莎·达拉·科斯特和谢尔玛·詹姆斯两人持非马克思主义论点。在《妇女与社区的颠覆》一文中，二人提出："妇女的家务劳动是生产性的，这个生产性不仅体现为人们口头上所说的'有用'，而且也体现为严格的马克思主义所说的创造剩余价值"。[81] 她们解释说："妇女不必非得进入生产性的工作场所，因为所有的妇女依然身在其中了，即使还没有人认识到，也不能改变这个事实。妇女的工作是所有其他劳动的必要条件，剩余价值就是从这里榨取出来的。妇女不仅给现在（以及未来）的工人提供衣物、食品，而且也给予他们情感慰藉和家庭温暖，妇女使资本主义及其的齿轮得以运转。"[82] 既然她们把妇女的家务劳动看作生产性的工作，因此不奇怪，达拉·科斯特和詹姆斯提出的妇女解放纲领既不同于本斯顿，也不同于恩格斯。作为家务计酬运动的领导者，在她们两人看来，进入公共劳动产业的妇女承受的是双重劳动，她们的劳作以生产线上有报酬的、得到承认的工作开始，而以在家中无报酬的、不被承认的工作告终。达拉·科斯特和詹姆斯说，结束这种不平等的途径就是妇女起来要求为家务劳动支付工资。达拉·科斯特和詹姆斯还都提出我们不应该让丈夫、父亲等来养活女性而应该是由国家、政府、雇主合理支付女性工资。支付家务劳动工资是天经地义的，每一个资本里都包含着对女性的压迫和剥削。要求给妇女支付家务工资，国家就不再可能积累丰厚的利润,同时让家庭主妇为一点微薄补贴而累死累活。

　　家务计酬的劳动者坚持认为,家务劳动的报酬不一定采取支票的形式。这种工资可以用付款形式分配给靠福利生活的母亲,作为对其家务劳动的酬劳,也可以用照顾孩子的形式,给那些工作负担过重的母亲以帮助。如果国家拒绝给家庭主妇支付工资,那么她们应该举行罢工。按照家务计酬倡导者的观点,一些家庭主妇(已婚或单身女人,她们为男人和孩子提供了服务,却没有获得报酬或得到足够的报酬)已经在罢工了。当女人与丈夫离婚时,她实质上是拒绝了随丈夫而来的一切家务劳动。同样,当女人采取节育措施或堕胎时,她实际上是拒绝承担大家庭将要带来的额外劳动。以此推论,一位秘书拒绝给上司冲咖啡、一位教师拒绝带学生做额外的野外旅行、一位护士拒绝上 18 小时的班,这都是拒绝继续"为爱"而工作;也就是说,不愿意再无偿地付出劳动。妇女的这种反叛具有革命的潜能,因为资本主义需要妇女繁殖劳动力,再造出男人和儿童。

　　科斯塔和塞尔玛·詹姆斯也属于赞同"家务劳动工资化"一派的。在《妇女权力与共同体的颠覆》(1972)一书里,从严格意义上的马克思主义,而不是仅从口头意义上承认家务劳动的"有用性"的角度,她们指出家务劳动创造了剩余价值。"通过为现在的(和将来的)工人提供食物、衣服、情感和家庭安慰,女性维持着资本主义'机器的运转'。"[83]正因为她们把家务劳动看作是生产性的劳动,所以她们为女性解放所设计的方案是不同于本斯通和恩格斯的。作为"家务劳动工资化"的提倡者,她们指出,"同时参加工业生产的女性事实上作着双重工作:她们在机器流水线旁的工作是有报酬的,而在家里的工作是无报酬的,因此,这两位理论家呼吁应该给家务劳动以报酬。她们建议由国家(政府)和雇主,而不是个人(丈夫、父亲和男友)来支付家务劳动工资,因为资本最终将会从剥削女性中得益。"[84]她们的著作引起两种主要的马克思主义的反应,其中之一试图揭示要求家务劳动工资运动的含义,而另一反应则关注剩余价值的问题。

　　对"家务劳动工资",马克思的女权主义思想认为,"家务工资"解放妇女作为资本主义社会的战略实际不可行,也不符合女性需求。国家没有支付家务工资的意图。芭芭拉·伯格曼在《女性的经济浮出》一文中说,首先,国

家可以做的是税收的已婚男人,然后通过国税局发给家庭主妇。每个主妇的额定量工资,领取工资的丈夫,做家务,工资实际上成为一个丈夫的身份的象征。其次,如果国家向所有人争取税收,那么单职工或双职工负担就会增加。总之,这项措施将"鼓励妇女作为家庭主妇待在家"。最后,她总结了家务工资运动的三个不利因素:第一,家务劳动工资化将会使女性隔离在她自己的家庭里,除了做无尽的琐事以外很少有机会干些别的。第二,使一切事物,包括夫妻关系、母子关系商品化。第三,女性很少有外出工作的动力,结果,社会性别分工将进一步僵化。男性不会去做"女性的工作",而女性也没有做"男人工作"的动力。[85]西蒙娜·德·波伏娃也反对"家务劳动工资化"的办法,她认为:"这对某些家庭女性来说虽不失为一种出路,而且可以证明家务劳动的价值,但就长远来说,这将助长女性认为当家庭妇女是一项工作,是一种可以接受的生活方式。而应该改变的是家事的操作环境,而不应该把女性的价值永远与家事的价值联系在一起。所以,女性要体会到身为人的充分价值,就应该抗拒被隔离和限制在家庭中的待遇,以及根据男女和公私之别而设定的分工制度。"[86]

如果消除社会性别分工是马克思主义的女性主义者最终的目标之一,那么家务劳动工资化的运动的结果就是阻碍了它的实现。而本斯通的使家务劳动社会化的观点应是相对好的建议,她将给她们一个与其他女性一起工作和形成阶级意识的机会。还有些反对者认为,家务劳动工资化的运动忽视马克思主义指出的女性参加社会化大生产的观点。正如南希·霍姆斯特姆等人所指出的,本斯通、科斯塔和詹姆斯的观点的错误至少有两个原因:第一,如前所述,女性不构成马克思主义意义上的阶级。女性来自各个阶级,尽管她们是作为女性而被压迫的,然而她们是不同等地被压迫。实际上工人阶级女性被压迫的方式和中层、上层阶级女性被压迫的方式有着很大差异。第二,她们认为留在家中的家庭主妇是服务于资本的利益的,这种观点忽视了资本也需要女性成为劳动力的事实。现在有越来越少的女性是专一的家庭主妇。故把女性排除在资本主义生产之外的物质障碍已经减少了。因为节育的改善、减轻劳动的设施、方便食品和其他"节省时间的因素",女性在家庭的时间明显地少于过去的时光。再加上20世纪60年代女性解放运动的发展,都大大改变了当代劳动力的组成情况。因此,劳动力中将近一半是女性的事实表明了资本实际上需要女性成为劳动力。

总之,"在资本主义评价体系面前,家庭无酬劳动不断衰退,对这一趋势女性主义者在肯定和拒绝中摇摆,由于对家务劳动索要工资、需要国家和专业服务照顾孩子,她们肯定这一趋势,同时,通过男人和女人相互照料的形式,她们又拒绝这一趋势。"

2. 马克思主义女性主义者中反对家务计酬的论点

达拉·科斯特和詹姆斯认为家务付酬不完全可行,这是因为即使国家给主妇支付报酬,它也只会在保护自身的情况下来做。根据若干可靠的估算,给主妇的报酬应该超过在公共场所上班妇女平均工资的两到三倍;与家务付酬运动倡导者的理想相反,国家决不会给主妇开出那么高工资而让自己破产。芭芭拉·伯格曼说,国家有可能采取的措施是,对已婚男人征收特别税,然后由财政部再分配给他们的妻子。妻子的工资多少取决于丈夫纳税有多大份额——有理由相信这笔税金数额可观;那么就家庭收入而言,其实并无实际增长;妻子的金钱,仅仅代表她地位改善而已。或者国家可以从它的一般税收中拨出部分,来给家庭主妇付酬。如果采取这种方法,国家就会向每个人征税,无论他或她家里是否有家庭主妇在为之操持。这一计划的实际结果会明显加重单身人士和双职工家庭的负担,这两类家庭,一般状况已经不如丈夫工作而妻子持家的家庭。结果,这个计划将会"鼓励妇女做家庭主妇,并保持这一身份。"

芭芭拉·伯格曼《妇女的经济崛起》一书中指出了最后一点。她总结道:"许多马克思主义女性主义者发现,家务计酬运动不受欢迎。首先,家务计酬将会把女人隔离在自己家中,这里除了日益增加的烦琐家务以外,她们很少有机会做其他事情。其次,要求家务计酬,家庭主妇的作用将会使资本主义把包括夫妻关系和母子关系在内的一切社会关系商品化。再次,家务得到报酬,妇女将失去到家庭之外工作的动力。结果,男女两性的劳动分工表面看来有所改善,事实上却被强化。"[87]男人再不会觉得有压力、应该干"女人的活儿",而女人也不再有动力去家庭外面做"男人的工作"。

南茜·霍姆斯·卓姆也认为,家务计酬会削弱"将女人重新整合到社会生产中"的传统马克思主义者的论调。例如,本斯顿、达拉·科斯特和詹姆斯等人的论说经不起推敲,其中至少有两方面原因。首先,认为妇女构成了马克思主义意义上的阶级,这是不对的。霍姆斯·卓姆强调,所有的女人都作为女人而受压迫,中产阶级、上等阶级妇女也受压迫,然而她们情况有着各自的差别:"工人阶级妇女在家务劳动中受剥削,在工薪工作中受到更严重超常的剥削。就其他方面而言,工人阶级妇女也比中产阶级、上等阶级妇女更多遭受性别歧视痛苦。她们剩余较少自由,因为她们少有途径去做流产、采取节育措施及改善育儿条件,而且,她们还常常成为滥施绝育的受害者。她们更常在工作场所和街头遭到性骚扰。因此,比起中等、上等阶级妇女,工人阶级妇女的礼仪更是始终与性别歧视和资本主义对立。"其次,霍姆斯·卓姆等人认为,不仅在家庭内工作的妇女促进了"资本"发展,在家庭外工作的妇女也同样如此。纯粹的家庭主妇已经越来越少了。法律和政策的限制性减少,使得更多妇女便于进入劳动大军;生育控制的进展使女人能够更好地安排怀孕时间;诸如家用器具和方便食品的发明也减轻了妇女的家务责任。这些发展,再加上20世纪60年代妇女解放运动所产生的解放效应,还有不断增强的对双收入的需要、服务性行业或有"妇女特点"的工作的增长,这些都促成了当代劳动力构成的巨大变化。到20世纪80年代早期为止,美国的劳动大军中女性职工比例已经超过45%。关于家务劳动计酬的观点始终是各流派女性主义理论者争论的焦点,至于妇女到底是回归生活、回归家务劳动,还是同男人一样参与公共生活领域。既然劳动会创造价值,至于我们应该是过度保护女性还是适度保护女性的话题是继续探讨的论点。

注释:

[38] 马克思恩格斯选集(第4卷)[M].北京:人民出版社,1972:58.

[39] [40]马克思恩格斯选集(第1卷)[M].北京:人民出版社,1995:68 – 368.

[41] 马克思恩格斯选集(第1卷)[M].北京:人民出版社,1995:67.

[42] 马克思恩格斯选集(第1卷)[M].北京:人民出版社,1995:294.

[43] 马克思恩格斯选集(第 1 卷)[M]. 北京:人民出版社,1995:119.

[44] 马克思恩格斯选集(第 1 卷)[M]. 北京:人民出版社,1995:56.

[45] 马克思1844 年经济学哲学手稿[M].北京:人民出版社,2000:57.

[46] 马克思恩格斯全集(第 3 卷)[M].北京:人民出版社,1960:455.

[47] 马克思恩格斯选集(第 1 卷)[M]. 北京:人民出版社,1995:72.

[48] 马克思恩格斯全集(第 1 卷)[M]. 北京:人民出版社,195:436.

[49] 马克思恩格斯全集(第 1 卷)[M]. 北京:人民出版社,1957:449.

[50] 马克思恩格斯全集(第 2 卷)[M]. 北京:人民出版社,1957:249 -250.

[51] 马克思恩格斯全集(第 2 卷)[M]. 北京:人民出版社,1957:249.

[52] 马克思、恩格斯.德意志意识形态[M].北京:人民出版社,1978:39 -40.

[53] 马克思恩格斯全集(第 2 卷)[M]. 北京:人民出版社,1957:429.

[54] 马克思恩格斯全集(第 2 卷)[M]. 北京:人民出版社,1957:449.

[55] 马克思恩格斯全集(第 2 卷)[M]. 北京:人民出版社,1957:495.

[56] 马克思恩格斯全集(第 2 卷)[M]. 北京:人民出版社,1957:416.

[57] 马克思、恩格斯.德意志意识形态[M].北京:人民出版社,1978:39 -40.

[58] 凯特·米利特.性政治[M].江苏人民出版社,2000:47.

[59] 艾晓明.女性主义思潮导论[M].华中师范大学出版社,2002:171.

[60] ShulamithFirestone. TheDialecticofSex. NewYork:: BantamBooks, 1970:132.

[61] 马克思恩格斯全集(第 3 卷)[M].北京:人民出版社,1957:224.

[62] [63]艾晓明.女性主义思潮导论[M].华中师范大学出版社. 200:176.

[64] 李银河.妇女:最漫长的革命—当代西方女权主义理论精选[M]. 北京:生活·读书·新知三联书店,1997:81.

[65] Mary Wollstonecraft. A Vindication of the Rights of Woman [M]. New

York：W. W. Norton,1975:56.

[66] Mary Wollstonecraft. A Vindication of the Rights of Woman [M]. New York：W. W. Norton,1975:23.

[67] Mary Wollstonecraft. A Vindication of the Rights of Woman [M]. New York：W. W. Norton,1975:61.

[68] 艾晓明.女性主义思潮导论[M].华中师范大学出版社,2002:263.

[69] 西蒙娜·德·波伏娃.第二性[M].中国书籍出版社,1998:25 -26.

[70] 西蒙娜·德·波伏娃.第二性[M].中国书籍出版社,1998:41.

[71] 艾晓明.女性主义思潮导论[M].华中师范大学出版社,2002:265.

[72] 西蒙娜·德·波伏娃.第二性(第一卷)[M].中国书籍出版社, 1998:51.

[73][74]艾晓明.女性主义思潮导论[M].华中师范大学出版社, 200:266.

[75] 西蒙娜·德·波伏娃.第二性[M].中国书籍出版社,1998:502 -503.

[76] 西蒙娜·德·波伏娃.第二性[M].中国书籍出版社,1998:241.

[77] 西蒙娜·德·波伏娃.第二性[M].中国书籍出版社,1998:571.

[88][79]Julia Kristeva. Desire in Language. New York：Columbia University Press,1982:205 -206.

[80] Julia Kristeva. Powers of Horror. New York：Columbia University Press,1982:205 -206.

[81] Mariarosa Dalla Costa. Selma James. Women and the Subversion of the Community. England：Falling Wall Press,1972:34.

[82] 艾晓明.女性主义思潮导论[M].华中师范大学出版社,2002:257.

[83][84]戴雪红.女性主义对资本主义的批判:立场、观点和方法[M]. 北京:光明日报出版社,2010:240.

[85] 戴雪红.女性主义对资本主义的批判:立场、观点和方法[M]. 北

京:光明日报出版社,2010:239－241.

[86]戴雪红.女性主义对资本主义的批判:立场、观点和方法[M].北京:光明日报出版社,2010:239－242.

[87]艾晓明.女性主义思潮导论[M].华中师范大学出版社,2002:157－159.

第四章　马克思主义女性主义的理论特质

　　马克思主义女性主义的基本理论是建立在马克思、恩格斯的女性主义思想基础上的,但是对马克思主义理论的吸收仅仅是其初期的理论特征,其流派主要的理论特质更多的还是对马克思、恩格斯女性主义理论的整理、怀疑甚至是颠覆。马克思主义女性主义者提出应该重视马克思主义的基本理论,女性问题的研究应该以此为起点,无论女性的社会经济地位、宗教信仰和种族有何不同,也不管女性年老还是年轻,她们都不能改变从事物质生产活动的宿命,因此必须从女性从事生产活动建立起来的社会关系角度来分析女性所遭受的剥削和压迫以及其从属地位。这里突出体现了马克思主义的阶级、权利平等的观点。她们提出:妇女所遭受的压迫和剥削是私有制造成的,是私有制使少数人拥有了财富,而这里所说的少数人恰恰不是女人而是男人。在资本主义社会,受剥削和压迫的妇女是由于父权制才会遭受如此境遇,但是父权制并不是女性受压迫的唯一原因,资本主义制度本身更是深层次的原因。所以,女性要获得解放就必须推翻资本主义制度,在生产材料的所有权上实现男女共有,这样才能让女性在经济上进而在思想和意识形态上获得独立。这里,马克思主义女性主义者更多吸取了马克思关于社会发展的理论。要辩证、客观地分析女性受压迫的原因,还要将男权批判与资本主义社会批判并行开来,她们认为虽然以男权为中心的父权制比资本主义制度早出现,但是在资本主义制度下男性相比较女性具有天然的优越性,而且这种观念作为一种意识形态固化下来。所以马克思主义女性主义提出女性的解放必须将矛头指向父权制和资本主义制度这两重枷锁。马克思主义还为女性主义理论的发展提供了更为现实可用的辩证法的方法论工具,本章主要从三个方面阐述马克思主义女性主义的理论特质,一是男权批判与资本主义社会批判;二是辩证主义的方法论特征;三是性别分析与阶级分析的融合。

一、男权批判与资本主义社会批判并行

20世纪七八十年代,鉴于父权制与资本主义制度的契合关系,马克思主义女性主义者主张将二者结合起来展开批判。于是众多马克思主义女性主义者从多层面、多维度揭露父权制与资本主义制度之间的关系,甚至将这种关系称为亲密的伙伴。她们认为,父权制和资本主义虽然在社会关系上名称不同,但是在本质上具有相同的利益。两者共同构成了资本主义女性的遭受压迫的根源。因此,要对妇女受压迫的原因形成一个全面客观的解读,必须采取马克思分析综合的方法,即,首先将资本主义和父权制作为独立的社会现象进行比较,再将二者进行综合分析,从而探讨妇女解放的路径。

(一)朱丽叶·米切尔的"资本主义制度和父权制"理论

朱丽叶·米切尔是英国女性主义思想家的典型代表。由于受到阿尔都塞结构主义的影响,她将欧洲女性主义马克思主义和女权主义相结合。米切尔认为女性受压迫的原因并不是单一的,它是由四个方面决定的,这就是著名的"四种结构理论"——社会生产,生育,性关系和儿童社会化。米切尔认为,妇女是社会生产劳动中最不稳定的劳动力,她们在生产中仅仅是作为插曲出现,用了不多久就会在资产阶级社会中作为牺牲品排斥在社会生产领域之外。"技术要与社会总结构结合起来,社会总结构才是决定妇女劳动关系的要素。"[88]天然的生理差异,使女性在生物学上成了母亲,女性因此要完成生育子女、教育子女长大成人的工作,这也就完成了女性的主要社会功能——教育和培养子女。多数女性的家庭地位的高低直接决定着女性的社会地位。米切尔提出,"只要妇女的存在受制于她们无法控制的生物进程,只要生育仍是一种自然现象,妇女就注定要成为社会剥削的对象。"[89]米切尔说,让女性成为母亲而天然职责养育孩子是进化过程中对女性的定位,让男性从事打猎、生产等需要进取、勇敢和积极情绪的活动,是进化过程对男性的定位。因此,"一切女性重新回到公共的事业中去。"[90]妇女的角色和在社会中所起的作用,使得女性注定离不开男人——这一作为社会主体角

色的差遣。

在《妇女与地位》一书中,米切尔放弃了传统马克思主义女性主义的立场。据此,妇女的处境仅仅取决于她与资本的关系如何起作用,取决于她是否属于生产性的劳动力的一部分。米切尔用自己的观点取代了仅从单一因素进行的对妇女受压迫的解释,她指出,"妇女的地位与作用,是由女人在生产、生育、儿童的社会化以及性关系中所扮演的多个角色一起决定的。"[91]在1971年,米切尔试图断定,这些因素中到底有哪些是对当代妇女的压迫最严重的;在此过程中,她得出了多少有些悲观的结论:妇女在生产、生育和儿童社会化方面没有取得足够的进展。米切尔注意到,妇女在体力和技能方面尽管不比男性差,但是雇主依然给妇女开出的工资比男性低。米切尔说,更有甚者,尽管现在的科技日趋发达,在性关系方面女性可以采取安全、有效的措施保护自己免受流产的伤害,可怜的女性选择了不使用或者干脆就不愿意使用。结果形成了"母性—家庭—脱离生产和公共生活—两性不平等"的因果锁链,它继续把女人束缚在从属地位上。此外,现在妇女生育率降低,她们的子女远比19世纪—20世纪之交时妇女所有的少得多,但是她们用于子女社会化上的时间却并没有减少。尽管如此,米切尔仍然认为20世纪70年代的妇女在性领域取得了重大进展,这主要归功于激进的女性主义者所做的努力。然而,米切尔对于性解放是持反对态度的,她说,扩大性解放对于女性来说是不利的,这种表面的自由有可能成为女性新形式的压迫。封建社会将女性开放性称为"贱人婊子",现代社会也好不到哪里,虽然对女性的性解放不会带有辱骂言辞,还标榜她们是新女性的代言人,这些都只不过是用词上的美化,大众对女性的歧视性认同并没有改变。米切尔的观点暗示,如果有任何妇女群体被今天的社会认为是不健康的,那想必就是处女了。因此,一些妇女认为性只是有意义的生活的一部分,不等于全部,现在她们开始感到自己是不正常的了。在评论这一状况时,米切尔认为,性过度和性匮乏一样,都会成为一种压迫。米切尔认为,在父权制的意识形态中,女人并没有工人的角色,她们仅仅承担情人、妻子、母亲的角色;这种对女性社会职责的定位与资本主义制度一致。即便马克思倡导的社会主义革命试图摧毁作为家庭这个经济单位,也不会实现男女平等;父权制还在精神上固定了男性和女性的位置,女性是从属于男性的,因此,女性不摆脱男女不平等的思想就不可能从精神上获得自身的解放。

米切尔在《妇女地位》中虽然没有发展这一思想:需要进行"精神革命",但在《精神分析与女性主义》一书中,她的确这样做了。米切尔指出,"从阉割情结和俄狄浦斯情结里产生的妇女心理,在父权制社会、目前唯一的社会,这种心理本质上是持续不变的。"[92]一个女人不管她是黑种人还是白种人,是富有还是贫穷,是美丽或丑陋,从法律关系而言,任何女人的社会地位和所有的位置是都应该是相似的。米切尔认为,女性受压迫的原因来源于灵魂,所以她反对自由主义女性主义者的论调,认为男女实现真正的平等唯一的途径就是社会改革,即改变现有女性接受教育和就业的形势。在米切尔看来,妇女选举权、男女同校教育研究和积极的行动政策,这些固然可以改变"女性气质的表达",但在她看来仍不能彻底地改妇女的整体地位。同样,米切尔也反对激进女性主义者的观点,他们认为生育技术是妇女解放的关键。而米切尔认为,纯粹生物学的解决方法不能从根本上解决心理方面的问题。最后,米切尔也反对传统马克思主义女性主义者的方案,他们认为,以推翻资本主义秩序为目标的经济革命,将使男女成为完全的行动货币和以美德为基础的朋友。妇女进入生产大军,和男人并肩劳动,但是这并不能让女性在傍晚的时候能与男人手挽手回到家里。米切尔注意到,"只要妇女和男人的心里依然在阳具象征的支配下,对待妇女的态度决不可能有真正的改变。因此,为了使社会真正充满人性,必须推翻父权制度和资本主义制度。"[93]

(二)艾里斯·扬对资本主义父权制的分析

艾里斯·扬与米切尔、哈特曼等二元论代表的思想是有很大差异的,她在其代表作《超越不幸的婚姻——对二元制理论的批制》(1981)一文中指出,米切尔等人关于资本主义和父权制双重枷锁的二元制理论根本不能医治马克思主义女性主义女性婚姻上的不幸。艾里斯·扬指出,米切尔的缺陷是其理论对父权制的阐释缺失了父权制的理论发展过程和这一过程中存在的不同表现方式。这种无视历史具体情况的做法极容易出现理论上的文化狭隘,种族和阶级上的歧视。接着艾里斯·扬又对海迪·哈特曼的理论

进行了批判,认为哈特曼提出的父权制在不同的社会关系中具有不同物质前提,这种论点在理论和实践上都不能论证父权制和生产关系具有不同实质。总之,艾里斯·扬反对二元制理论家们用单纯的女性受压迫问题作为对马克思主义的阶级范畴的补充。杨提出用"性别分工"取代"阶级范畴",提出将"性别分工"作为一元制理论的主要范畴。她提出,通过"性别分工"范畴,不仅可以清楚地解释资本主义社会现存的生产、分配、阶级等现象,而且能够解释女性受压迫的现象。性别分工更能将女性的家务劳动解释得清楚明白。

在资本主义社会中,女性的首要职责是家务劳动,男性的首要责任是生产活动。因此男性和女性被分离在公共领域和家庭领域两个世界,男人进入公共场所成为主要劳动力开始工作,而女性回到家中,从事着被边缘化的家务劳动,女性因此与社会生产越来越远,成了劳动后备军或者说成为工厂库。女性因此成了新生产领域里的充足生产劳动力,而在不需要她们的时候,她们又称为男性工资降低的筹码,为雇主做好后备保障。艾里斯·扬的论点最终是为了证明:"把妇女推向边缘,从而使她们起次要劳动力的作用是资本主义本质的和基本的特性。"[94]艾里斯·扬认为资本主义社会在本质上就是父权制的社会,她对父权制和资本主义是两个独立的政治斗争系统,二者各自具有自身特点的观点是反对的。她指出,反对资本主义却与父权制斗争相割裂,这简直是不可能的。

艾里斯·扬认为,女性应该接受马克思主义并把它变成这样一个理论,即以女性主义为核心的社会理论,这个理论中包含着生产关系和生产力的发展。包含着历史唯物主义的女性主义,性别分工和性别差异也应该是这个理论的题中应有之义。总之,艾里斯·扬认为,二元系统理论根本行不通,因为这二元制理论中父权制与生产关系无关,根本不能独立存在。因此,艾里斯·扬认为,说资本主义和父权制是妇女受压迫的两个独立的理论体系是站不住脚的。因为二元论理论体系是将两个完全独立模式强行地捏合在一个理论框架中,如果把资本主义和父权制看成完全独立的体系,那么由于男性在家庭中的作用被强调,就会忽视了女性受压迫的外在原因。艾里斯·扬认为,"只要女性主义者还愿意把劳动活动中产生的物质社会关系理论让位给传统马克思主义,女性主义与马克思主义之间的婚姻就不可能是幸福的。"[95]艾里斯·扬通过上述分析指出,资本主义在本质上是父权制的,资本主义和父权制是一个整体。艾里斯·扬着重分析了妇女的受压迫处境和与资本主义制度之间的关系,通过分析指出,妇女的解放斗争就是反对资本主义与父权制。因为女性受压迫的根源是资本主义和父权制的并行存在。

首先,是资本主义自身的结构造成了女性受压迫的现状。艾里斯·扬指出,资本主义制度诞生以前的社会制度中,在生产劳动中发挥作用并拥有特殊技能的是女性,女性在家庭中,甚至在集体中拥有很高的地位,因此,男女之间是平等的。在资本主义社会中,女性丧失了独立的经济基础和法的权利,女性在社会中成了可有可无的角色,这是因为在资本主义经济体制下,女性成了雇主眼中的廉价劳动力,但是作为次要劳动力她们只是劳动力大军中的后备军。造成女性这种状况的原因就是资本主义制度,是它把女性从经济中心驱赶出去,可以说资本主义解释了妇女受压迫的一切原因。

其次,从意识形态领域固化女性受压迫的心理。在资本主义制度下,人们将妇女和家庭紧密联系在一起,强化家庭妇女做母亲的本职工作,认为女性不适合重体力劳动,并用此种理念使女性的活动固定在家庭中,这从思想上加速了女性走出经济中心回到家庭。艾里斯·扬认为,长期以来资本主义宣扬的所谓"女性的战场在家中"的思想,是为了让妇女在感觉自己根本无法胜任生产领域的工作,即使从事生产性工作也不可能像男性一样表现优秀,因此得到较低的工作也是顺理成章的事情。而且作为妻子成为全职太太,在某种程度上也是一个男人值得尊敬的标志,因此,为了男人的尊严,女性进一步被限制了活动范围,家庭成了她们最理想的活动场所。

第三,"资本"是女性受压迫的必然条件。"资本"在本质上是一种外在于物的社会生产关系,资本家通过手中的资本即在生产资料的所有权上的占有来压迫榨取没有生产资料的劳动者创造的剩余价值。因此,资本是劳动力,女性是劳动力的特殊表现形式。男尊女卑的性别等级制度由来已久,封建社会开始,女性就一直处于受压迫的地位,但是资本主义的女性遭受的压迫形式有所改变——妇女不再成为劳动力的核心力量,而是成为边缘劳

动力。因此,艾里斯·扬指出,"即使有最初的性别差异和以前存在的性别歧视思想,妇女作为二等劳动力在其中起作用的等级制资本主义也是唯一历史的可能性。"[96]因此,反对资本主义和反对父权制在本质上是一致的,因为二者具有相同的形态意义,强行将二者分开的做法是不合理也不理性的。对于在资本主义社会制度下女性所受的压迫,唯一的解决途径就是反抗,推翻资本主义社会制度,她说:"现实斗争已经是并且应该是反对我们生活在其中的一体化的、有毒的资本主义父权制。"[97]

(三)波伏娃悲剧式地父权制理解

波伏娃的代表作品是《第二性》,在该作品中,她对女性的受压迫境况进行了细致的描述,并将女性反复进行的毫无意义的工作描述为"内在性"。波伏娃认为,在内在性处境下,女性的生存发展发生了巨大变化,女性远离了开放、主动、有作为的生活,陷入了被动、封闭无所事事的境地,具体表现为女性失去了在经济和文化方面的独立。

1.女性在经济上失去了独立

波伏娃指出:"父权制社会的产生,男性统治地位的确立,女性'他者'地位和生存状态的形成主要取决于妇女们的生存环境,尤其是她们的经济地位及在经济方面对男性的依赖。"[98]在父权制中,她认为女性就连生存的基本权利都让权给了男性,他们只是被动地等待男性的施舍。就连每天的零花钱、在家务劳动中需要支付的零钱,甚至女性想要添置一件新鞋子都和男性紧密相连。因为,女性自己不创造使用价值,不能获得生活来源,如果男性不从自己的工资中支付女性的这些花费,女性就什么也做不了。因此,女性在经济上完全丧失了独立性,她们完全依附在男性的身上,受制于人,男人决定了她们的一切。而相反的,女人之于男人们只不过是生活的一部分,可有可无。

波伏娃在她的作品《第二性》中将女性对男性的依赖称之为"他者",她提出,女性要想摆脱"他者"的现状,走出依附男性的困境首要要做的就是改变经济上的依赖,她认为稳定的收入是女性独立生活的前提条件,没有自己的稳定收入,再有能力的女性也逃不出男性设置的牢笼。她说:"虽然过去和现在有许多妇女孤军奋战,努力达成个人的目标,但妇女的真正解放,必须是集体的。而且必须满足的第一项要求,便是妇女经济地位的改进。"[99] 为了证明女性获得经济解放的必要性和重要性,波伏娃剖析了不同女性不同年龄段心理和生理上的变化发展,通过剖析她认为女性从婴儿开始就被打上了特殊的烙印,周围的环境都在告诉女性"你是第二性"的,这种"第二性"的思想对女性来说根深蒂固,很难拔除,因此要想突破这种思维定式,摆脱女性在男性甚至社会中的"他者"地位,要做出的努力和斗争是激烈的、持久的、艰苦的。但是无论如何经济上的摆脱对于男性的依赖实现经济自主独立都是女性首先要做的。波伏娃从经济角度阐释女性的解放和获得自由的途径是符合历史唯物主义观点的。

2. 女性在文化上失去了独立

波伏娃认为经济上女性的不独立虽然是女性悲惨境况的重要原因,但还不能完全、充分说明女性在父权制社会中悲惨境遇。因为在资本主义社会中,经济因素只是众多女性受压迫因素中的一个,文化是另一个重要的原因。在资本主义社会,男性不仅统治着这个社会的生产力和生产关系,而且在意识形态领域创造着有利于自己的观念体系,他们在宗教领域、法律道德层面强化男权思想,逐步使男性统治落实到社会的每个角落,在社会中达成共识。女性在这个过程中只能被动接受,她们已经习惯了并且认为男性的统治是自然的行为,内心是肯定的。这样男性对女性的压迫就从外在的经济压迫转向了内在的思想和行为的压迫。因此,在父权制社会中,女性一方面要按照男性世界规定的法律习俗生活,被动接受男性中心论思想,另一方面,女性成了男性的工具和手段,男性和女性之间形成了主体和客体,自身与他者的关系。女性被作为客体和他者存在,女性和孩子一样,永远没有自主权,她们只能接受男性给予她们的法律制度、真理标准,而女性由于被赋予了优雅和风度、美丽和魅力、智力和典雅的美誉,因此只能无条件地接受这一切,包括女性的地位和身份,尽管这一切都是对男性利好的,都是从男性出发的,都是以男性作为尺度的。女性仅仅成为了男性财富的一部分。

波伏娃在《第二性》中指出了造成女性"内在性"和"他者"地位的文化根源就是父权制。

只要父权制是存在的,女性这种作为客体和"他者"的身份就不可能改

变。波伏娃对婚姻也是持否定态度的,她认为女性正是在婚姻的框架内束缚在家庭之中,失去了经济上和文化上的独立自主性。对于已婚做了母亲的女性情况也没有得到丝毫的改变,她们把全部的精力和注意力都放在了子女的身上,完全没有独立的自我。女性要摆脱这种状态,从现有的家庭束缚中脱身,就应该放弃家务劳动,走向社会生产领域,女性只有在与男性平等地从事社会生产劳动的过程中才能释放出自己的内在能力,才有机会争取和男性同等的政治、法律平等权利。只有这时,女性的生存价值才被发掘、显现出来,女性才成为了真正的人,从他者的地位走向了自我的主体,才能参与到人类社会发展进程中,并发挥不可代替的作用。波伏娃的《第二性》在对父权制的文化批判上是深刻的、犀利的,充分显示了波伏娃希望实现的女性的彻底解放。波伏娃说,我所希望的女性解放应该具有两个层次的内涵,一方面是女性的社会解放,另一方面是女性作为一个阶级的阶级解放,这两个方面的解放体现了波伏娃女性解放的超越性和超验性。综上所述,波伏娃提出,女性要实现真正的独立,摆脱"他者"地位,实现真正的内在自我,仅仅是经济上的独立是远远不够的,婚姻和家庭的解放更不能解决问题,女性只有成为真正独立的人,在经济上在文化上重塑自身的自我地位,建立起全新的价值观念,才能走出黑暗,走向光明。

(四)父权制是资本主义本质特征

父权制是妇女不平等的根源和压迫的主要原因,女性主义者的解读大多围绕着这一概念。女性主义的目标集中体现在父权制的颠覆,实现真正意义上的平等。但女性主义各流派有着很大的差异,如何理解父权制,如何组织女性开展斗争,等等不尽相同。但在本质上,父权制是一种意识形态,是资本主义维续的产物。可以说,资本主义的宗法制度,在资本主义社会是资本主义的经济动机,多因素相互作用的父权制国家,种族之间的斗争,殖民地压迫,阶级内部斗争,意识形态领域的讹诈,家庭内部的不平等这些资本主义制度内的问题一个也没有减少或者弱化,也就是说资本主义不但没有改变父权制的诸多矛盾问题,反而以"博大"的胸怀包容了这些问题并且使问题恶化。可以说,父权制成为了资本主义的孪生兄弟,它既是资本主义存在的条件,也是资本主义必然走向的归宿。

第四章　马克思主义女性主义的理论特质

1. 在资本主义社会，家庭内部的个人父权制表现突出

在资本主义社会，女性继续扮演无偿的家务劳动角色，家庭仍然是父权制的主要场所。

"虽然资本主义把父权制的控制从家庭与工作场所分隔开来，从而削弱了它的锐势，却又帮助了父权制免于消亡。当家长式的态度在资本主义的机构中，如学校、雇佣劳工和福利国家，已经成为一种准则时，它在家庭中就更变本加厉了。完全可以说，资本主义本身就需要巩固和发展这种父权制。为了使自己永存，资本主义对父权制的积极斗争起了助长作用。"[100]在19世纪和20世纪，资本主义的产生和发展无论是在内容上还是形式上，父权制都已经发生了很大的变化：一是家庭不再是一个生产的组合体，传统意义上的家庭即工厂的模式消失了，从表面看好像是家庭内部的父权制也随之消失；二是女性和男性一样作为劳动力商品涌向了市场，成为百万工人大军中的一员，从形式上看父权制在社会层面也没有了意义。女性主义运动使得妇女赢得了选举权、受高等教育的权利、经营权和产权，这种种改变也似乎表明，男性和女性已经实现了诸多方面的平等。"女性受压迫"这个提法在理论和实践上都可以取消了。因此，很多学者提出，人类已经进入21世纪，"女性不再受到压迫"，至少现在妇女在社会上的地位足以证明"父权制"下对女性的种种描述已经不再反映现实女性状况了。然而，随着资本主义工业的兴起和迅速发展，社会的经济活动再次从家庭中转移出来，市场经济的发展使男性成了市场经济的活动主体，这种公共领域和私人领域进入市场的生产方式，多数女性在家务的家庭圈子中被定义固化。这种种现实更起到巩固父权家庭，导致了历史上从未有过的女性从属地位的出现。

因为无偿的家务是妇女受压迫的物质基础。工人要从事生产劳动就需要衣食住等后勤保障，这是维持资本主义生产的基础和前提。而这些前提都是由女性的家务劳动来完成的，男性在外面工作，家中的一切事务都交给了女性，从洗衣做饭到收拾屋子，从情感安抚到性生活。正是因为女性在生产生活中默默付出又没有任何回报而且得不到社会的认可，于是女性主义者们展开了一场长达十年的有关"家务劳动"的争论（详见第二章的具体论述），女性主义者们力图证明家务劳动在资本主义社会生产活动中存在的价

值和发挥的作用。她们指出了家务劳动的价值有两点:一是家务劳动是男性生产劳动的隐形部分,她们让男性的生产劳动没有后顾之忧,这是从正面增加了男性创造的剩余价值,而这部分剩余价值由于是隐形的因此并没有计入工资,减少了雇主的成本。二是女性的劳动应该计入男性的生产性劳动。值得注意的是,虽然科技发展、社会进步,但是家庭作为女性的主要工作场所仍然是资本主义社会女性受压迫的重灾区。那种认为现在的家庭中不再有父权制的痕迹,女性不再受到不公平的待遇,女性主义者说这简直是天方夜谭吧!米切尔如是说:"可以把当代家庭看作是一幅由性、生育和社会化等三方面功能(妇女的世界)构成的画,为生产(男人的世界)所环绕……妇女被排除在外……她们被布局在家庭这个统一体中。"[101]女性主义者米歇尔·巴雷特的主张与米切尔相同,她也认为家庭给予女性的幸福远远没有压迫多。她说:"当代资本主义的家庭——保护体系不仅构成了妇女遭受压迫的核心场所,而且,对于作为整体的社会形态来说,还构成了生产关系的一种重要组织原则。"[102]

2. 在资本主义社会,社会中的公共父权制逐渐变得强大起来

父权制在资本主义不同发展阶段表现出不同的特点。现代社会由于女性相对以前在社会中从事生产活动较多,父权制主要体现在女性劳动力受控制的社会化,男性日渐失去了对女性或者社会生产中的控制能力,但是女性也没因此得到自由,社会作为一个大家长在控制女性的一切。女性虽然没有参与生产性劳动,但是女性参与了繁衍后代等再生产性活动,而这个再生产的活动受到整个社会化的管制。举例说明,在一个家庭中,从女性迈入这个家庭开始,女性就被社会化的公共父权控制;女性的婚姻受到法律和法院、民政局的控制;她居住的房子和饮食安排受到房产部门、食品药品部门的管控;女性生下一个孩子她以前是在自己的家里自然分娩,现在她要去医院,是自然生产还是剖腹生产不由自己决定;孩子上学想去什么学校,接受什么样的教育要在国家的相关政策下进行,如此种种,社会的每个领域、女性的每个生活内容都再次凸显着父权制的存在。可以说,资本主义社会就是父权制存在的根源,资本主义社会为父权制制造了各种土壤,为父权制的延续创造各种条件。就连资本主义为了转嫁剩余价值发动的战争和侵略都

是父权制的奇特体现。资本主义社会的特点是劳动需求的周期性变化。二战后,经济萧条,民不聊生,大量的妇女被迫进入劳动力市场。到 20 世纪 70 年代中期,西方近半数家庭妇女外出工作,这个数字在 20 世纪 80 年代中期,已经上升到近七成。实事求是地讲,在现今的社会公共生产活动中,女性遭受的不公待遇已经比以前少了,但并没有彻底消失,而是演变为女性遭受的压迫和歧视多转变为隐形的、暗处的、不易察觉的方式。可以说,资本主义社会中的父权制对女性的压迫场所从家庭转向了社会,受压迫的方式从私人父权转向了公共父权。主要表现在以下三点:

(1)父权制引起并加剧了资本主义社会的性别分工

根据马克思的观点,父权制是一种控制生产资料等财产的方式,这种控制方式主要是通过家务劳动来实现的。因此,父权制就不仅仅表现为权利,而且更主要的是表现为控制,对女性劳动力资源和劳动能力以及性方面的占有。因此,父权制既是属于意识形态领域的范畴,也是属于物质生产领域的范畴。下面我们分析一下性别分工和父权制的关系,可以说,性别上的劳动分工引起了父权制的产生。随着生产的发展,性别上的分工开始出现,将男人和女人之间角色定位固定下来,生儿育女、繁衍后代、教育培育等工作交给了女性,生产性工作,养家糊口,政治、经济活动交给了男性。这种分工从一定程度上扩大了基于生理特点的男性和女性的社会活动范围,形成了劳动的性别化差异:女性的专属任务就是从事家务劳动,男性的专属工作就是走向社会生产领域从事经济社会活动。其实,在资本主义社会之前,特别是工业化社会形成之前,虽然每一种文明都是不同的,但在家庭中,家务劳动和生产性劳动的界限是模糊的。工业革命的到来将一切改变,而且还创造了一个新的劳动方式——社会性别分工。

在劳动力市场上,女性的工作都被打上了性别的烙印,她们只是从事着专属女性的工作。这些工作大多没有社会地位,工作时间长,自由宽松度低,而且工资也少得可怜,更重要的是工作上没有安全保障,经常遭受不公待遇或者性侵犯,女性的职业大多是护士、教师、文书等。不光如此,女性外出工作,并没有减少所承担的家务劳动份额。作为丈夫根本不体谅妻子,很少分担家务劳动。因此,妇女进入劳动力市场,不仅没有使自身获得解放,

反倒要承受更多的压迫,在家庭劳动中,在低工资的生产社会经济中遭受双重剥削,她们成为自由的使用价值。新女权主义者认为,贪得无厌的资本主义逻辑需要最大限度地提高劳动力的剥削,女性劳动力受压迫程度,在 20 世纪比 19 世纪高多了。这些压迫女性的中和因素有"资本主义对劳动力再生产的控制的不断加强,国家通过其机构贯彻着资产阶级的利益。减轻了妇女养育子女的责任。但却愈益将对生物再生产的控制权交到了国家机关、医院和医生手中;对妇女劳动力的剥削就此释放到取代其自身家庭事务的商品生产和负责再生产的国家机构,虽然将对这些过程的控制权转移给了国家,但通过使妇女承担起生物再生产和社会再生产的责任,维护了她们的从属地位,这反过来又意味着,妇女职业生涯的特点就是因生育孩子而中断,以及从事零散性的雇佣工作。"[103]

（2）父权制导致资本主义女性的全面异化

艾丽森·杰格尔是马克思主义女性主义者中探讨异化理论的重要学者。她在《女权主义的政治学与人性》一书中借用马克思的异化理论,探讨女性在资本主义社会中遭受的各方面的异化,通过深入分析女性异化现象,提出了消灭异化,实现女性真正意义上的解放的路径。

她指出,在资本主义社会,女性遭受了多维度多领域的异化,具体表现在:首先,女性与她的身体相异化。在资本主义社会,女性并没有被作为真正的人,具有独立思想、完整人格和应有的尊重,女性仅仅被作为男性的性工具,满足男性的欲望。她们花了很多时间和金钱在饮食上,健身和美容上,她们并不是为了自己的身心愉悦,而是为了取悦于男人。女性对于自己身在何处、何时、如何以及由谁使用全然不知,根本没有主动发言权。因此,当女人开始不停地整容、减肥完善自己的身体时,身体不再是女性的一部分,而是成为了异化物。其次,女性的母性被异化。一方面,女性与自己生殖劳动的产品相异化。女性虽然是生育的主体,但是女性自己没有自主权,她们不能决定自己生不生孩子,生几个孩子。作为社会再生产中劳动力生产的主角,女性完全处于被动地位,她们的生育权由社会对劳动力的需要来决定,由于男性才是社会生产中的主力军,因此,生产孩子的性别也是女性遭受异化的一个方面,女性为了生更多的男孩而不停地生育,完全不能由自己掌控。而且因为女性经济上的不独立,对男性的依赖,很多女性由于承担不起抚养孩子的费用而被迫打掉孩子。另一方面,女性与劳动力再生产过程相异化。现在女性的生产越来越多地采用剖腹产的方式进行,其实自然生产是女性基本功能,这种功能被剥夺了,妇产科医生为了减少等待自然生产的时间而有意采取原本没有必要的剖宫产手术,让女性遭受手术的伤害,他们使用的先进的技术仪器从子宫中取出一个生命,操纵着女性分娩的整个过程。再次,孩子的教育过程是一种异化过程。在资本主义社会中,由于女性的从属地位,女性在孩子的教育中根本没有发言权,她们完全按照父权制社会的既定框架行事,毫无自主权利。第四,女性同自身的聪明才智相异化。长期的压迫、社会中的歧视共识,使女性丧失了自信心,她们害怕表达自己的观点,害怕被嘲笑,觉得自己的知识微不足道,不能在大庭广众中表达自己的想法,她们已经从骨子里失去了自我。通过以上分析艾丽森·杰格尔认为,当代西方资本主义社会女性的异化是全方位、具体性的,女性异化对女性迫害是难以想象的,这个罪魁祸首就是资本主义的父权制。

(3)父权制导致"男性至高无上的意识形态",这是女性受压迫的文化力量

所谓的"男性气质"(活跃的,积极的,坚强的理由等)和"女性气质"(被动,依赖于感性,无力等),它偷偷地贬低了女性的价值,在语言、教育、医疗、媒体和法律体中反映了父权制社会,"男性至高无上的意识形态"将女性的家庭作用扩大化,从属地位强化,独立地位弱化。正如南希乔多萝指出的一样:"在当代资本主义社会孤立的核心家庭中,妇女的养育职能造就了男人的一种独特的个性特征。这种独特的个性特征不仅再生了主张男性优越性的意识形态和心理冲动,而且再生了对生产需求的屈从。它为男人参与男性占主导地位的家庭和社会,为男人们较少参与家庭的情感生活,以及为他们参加资本主义世界的工作做好准备。"[104]马克思主义女性主义者坚持认为资本主义从一开始就以榨取剩余劳动力为手段,以获得利润最大化为驱动力,以资本积累为目的,而资本主义能做到这些是有父权制作为帮凶。她们还坚持将批判性分析延伸到历史上父权制结构影响人们生活的特定的方法。可见,在马克思主义女性主义的理念中,父权制和资本主义在本质上

是一致的,不能认为他们有相对独立的两个系统明显区分,也不能认为他们只是互补关系和密切相连。父权制应该是资本主义的题中应有之义,是其本质特征。艾里·扬说:"妇女的处境随着资本主义的发展变坏了。"[105]当然,得出这个结论是有前提条件的,那就是父权制并不是一成不变的,也不是变化不定的,而是随着社会历史环境、条件、生产力发展水平的变化而改变其表现形式。于是得出了一个结论,父权制在资本主义下具有不同于以往的特殊性。反对父权制的斗争和反对资本主义的斗争是一体的,不反对父权制的资本主义斗争毫无意义可言。消灭资本主义,父权制也就随之灭亡,妇女也就自然从受压迫和剥削的困境中获得了彻底的解放。

二、辩证主义的方法论特征

马克思主义女性主义批评马克思对女性从自然而不是从社会来定义,女性由于生理属性或自然差异自行由社会给她们安排位置。在家庭中,她们理应承担家务,养育孩子。此外,不能将劳动的性别分工单纯看成是压迫妇女的证明。今天的许多白人妇女提出要做一个全职太太、全职管家,女权主义将此视为女性进步的标志,她们认为女性有更大、更多的自主选择权、决策权,而不是女性的劳动被贬低的描述。可见,应该历史地、辩证地看待性别分工,辩证地看待两性关系。

(一)两性之间的辩证关系

追求性别平等是西方女性主义永恒的目标。西方女性主义的性别平等观大致可以分为三个类型。一个是单纯主张人的政治权利和平等、无视性别不同的自由主义女性主义;二是激进女性主义单纯强调男女的性别差异和对立,试图建立一个独立的女性文化,以此获得女性气质的完善,以限制男性文化为主体的价值观;三是后现代女权主义要求将男女的差异性研究进行到最后。女性主义的三个派别基本上是保持价值差异的性别平等观,但是忽略差异还是仍然注重差异,都会给女性的生存现实造成困难。之前的女性主义者们对于平等与差异问题总是偏于一隅,并没有提出很好的思路。马克思主义女性主义从历史唯物主义出发,提出性别平等和性别差异的存在是客观的,不以人的意志为转移,因此,只有运用辩证方法来解决女性主义的困境,也只有这样才能为女性主义走出困境做出了一定的贡献。

1. 忽略差别的性别平等观点

自由主义女性主义对于性别平等观是主张强调法律和政治的平等而忽略差异性的,她们之所以提出这一观点是有其特定的历史背景的。自由主义女性主义产生于女性主义的第一次浪潮时期,当时法国大革命和美国革命的余热未减,人民对于革命口号"自由、平等、博爱""人生而平等"等充满激情。于是女性主义者的理论带有强烈的对生命、对人权、对平等和自由的渴望向往以及热烈的追求。她们特别提出平等的主张,性别差异没有在她们的理论框架内。

第一,她们提出人——无论男女都具有相同的思维能力,这种思维能力是由于人的理性产生的。自由主义者们高扬人的理性能力并提出了很多的论据。霍布斯看到了生活中的丑陋、野蛮、腐败和恶劣,提出人需要理性来化解这些问题。洛克认为,理性和自由平等是统一的。动物没有理性,所以谈不上什么自由、平等。人是因为理性而存在的。在自由主义者那里,理性是作为人的核心概念,他们遵循着自由的道路,强调无论男女,只要是理性的人都应该具有平等的权利。如果有男性和女性的理性之间存在分歧,那么则完全是因为对未来的教育事业机会不平等,虽然性别差异仍然存在,但男人和女人之间会因为心理性别差异而消失拥有平等的受教育机会。例如,一个早期的女权主义自由派代表沃斯通克拉夫特,提出了理性是公民身份的基础,理性包含着爱情和控制女性的性与爱必须服从理性,婚姻的能力、激情和育龄,女性一定要根据理性进行抉择。

第二,她们提出人——无论男女都应该享有同样的社会正义和平等机会。自由主义者认为理想中的社会应该是公平的,这种公平具体体现在每一个社会公民都能够充分施展自己的才能,不应因为性别不同而有不同的待遇。她们设计了一个理想的女性生存状态,女性应该是既敢于担当又具备担当的能力,善于思考又富有理性。这样的女性一旦机会到来,她们就能紧紧抓住,将自己的潜能发挥到极致。正因为如此,自由主义女性主义不同意对弱势群体或者弱者的保护关照,认为这在一定程度和一定意义上也是对女性的歧视,因为女性根本不需要特别关照,她们就是总受到来自各方面

的所谓照顾才失去了跟男人平等的竞争机会。斯坦顿作为美国自由主义女性主义的代表尤其推崇这一说法。她还借用了《独立宣言》中"人生而平等"的口号,提出评价男女应该使用同一尺度,才能真正践行"人生而平等"的箴言。

从上面的阐述可以看出,自由主义女权主义是要用男性的标准来衡量女性,无视男女之间的性别差异,这种社会价值使在妇女运动第二次浪潮中表现得更突出。波伏娃提出:男性将他自己定义为"自我",而将女性定义为"他者",女性不仅与男人不同,而且低于男性。为此,她提出了"三步策略":第一步,一定要工作,即使在资本主义社会中工作是受剥削、受压迫的;第二步,一定要有知识,包括思想、观察和定义;第三步,争取社会的社会主义变革,这一变革将会对主体与客体、自我与他者的冲突有所帮助。[106]在波伏娃的观点里仍可以看到"以男人为本"隐含的标准存在。因此,自由派女权主义者提出性别上的差异与获得政治权利没有必然联系,因此可以忽略男人和女人的性别差异。

虽然在西方社会对妇女的法律歧视已经取消,但这个过程是漫长的,在今天的女性融入社会已经杜绝各类物理障碍,但显而易见的是:女性并不能从法律面前完全平等中获利太多。这正印证了亚里士多德的名言:"公正不仅在于同类同等对待之,还在于不同类不同等对待之。"事实上,对于性别公正对于女性的不利状况早就被女权主义者认识到了,只不过她们对性别差异和差异产生的影响有分歧,但毫无疑问,一些重视男女平等的女权主义区别平等的概念已经形成。

2. 主张差异的性别平等观点

产于20世纪60年代的激进的女权主义认为父权制是"革命性的飞镖",着重探讨父权制背景下的两性关系包括性关系。这一点就不同于自由主义女性主义的侧重点——强调政治法律等社会公共领域和经济活动中的父权制。激进女性主义者们强调男女的性别差异,女性之所以受到目前的遭遇和自身的生理特征分不开,更和男性的生理特征分不开。女性的生理结构的缔造者是自然,天然的这种生理上与男性的不同让女性觉得自己就应该从事那些低贱的工作,让男性在社会、在生活中占据主要地位,女性成

第四章　马克思主义女性主义的理论特质

了产妇,养育儿童,遭受性别歧视和性侵犯等,其中最糟糕的例子就是自然把生育能力交给了女性。随着科学技术的进步,先后出现了避免怀孕技术、试管婴儿技术、人工受孕和无性繁衍等科技才能将女性从生理功能中解放出来,女性的境况才会大幅改善和进步。激进女性主义提出男性和女性的生理特点和在社会观念中存在的歧视性差异不消除,女性的糟糕处境就不可能有任何改变。由此得出结论:男性和女性生理上的差别没有任何指代性,不具备扮演特定角色的功能,男人和女人才能成为平等的人,性别上的歧视才能实现真正的消亡。

例如以费尔斯通为代表的这一观点,她在自己的作品《性的辩证法》中提出了这样的例证:一个生命从出生到长大成人要经历一个漫长的过程,而且这个过程并不是独立完成的,他(她)需要在大人的照顾呵护下成长,在这里,母亲是绝对核心的角色。母亲需要哺乳、需要日夜照顾、需要时刻关注孩子的每一天。在这个过程中女性的身体每况愈下,因为她们要照顾孩子不能工作,完全依赖丈夫的接济才能生活。于是费尔斯通得出结论:"女性解放要靠'生物革命'和与此相关的一系列技术,这一革命不仅要使婴儿的养育脱离母奶,而且要使生育过程脱离子宫,这样才能真正消除女性对男人的体力的依赖,而这一依赖恰恰是女性依从地位的生理基础。"[107]

20世纪70年代初,激进女性主义的观点发生了微调。她们把女性对男性的依存的原因放到了男性身上。不再强调女性自身的生理因素,而是主张是因为男性的生理特点才导致女性的从属地位。一些激进女性主义者更是极端地认为男性的性别特征是罪恶的,他们对女性的性侵犯是男性的本性,把男性和女性完全对立起来。她们甚至提出女性主义的斗争和历史上的任何斗争都截然不同,这是一场没有对手的斗争,如果非要说所谓的对手那就只能说是女性的生理对立面——男性。为此,她们采取分裂性的主张,拒绝男女婚配,主张女性与女性的同性性关系即倡导同性恋。客观地说,激进女性主义的性别平等观点是行不通的,她们仅仅是从生物学方面分析了男性和女性的差异,然后扩大这种差异性达到敌对的程度,并将它作为女性被压迫的根本原因,忽视了男女生物学意义上的同一性。

文化女性主义是激进的女性主义中的一个分支,它以激进女性主义思

想为母体,试图通过文化价值来提高女性气质,贬低男性尊严。这种她们所谓的女性文化仍然是肯定男性和女性之间的差异的。她们提出妇女遇到的社会问题并不是差异问题,而是差异的不同价值。因此,她们的目标是妇女能力的重新估值和女人本质的重新确立,从而扭转了男人和女人的差异性的价值观。她们对父权制的态度并不是激进的、战斗式的颠覆,而是迂回式的,试图通过恢复、培养和提升女性素质来讲父权制淹没其中。她们提出要高扬女性的价值,建立社会认同感,使女性主义成为一种文化伦理精神。吉利根是其中的代表人物。她提出:要让女性本身具有的母性,凸显女性对他人的关爱,对自然和世界的和平,这些都是女性最有价值的伦理道德。如若女性被建立起这样的认同,那么社会认知和社会效果会更好。

文化女性主义这种高扬女性气质、贬低男性尊严的做法从一定程度上否定了男性的本质。她们赞美女性独特气质,强调女性的本质:女性善于体谅他人,赋予感性,倾向于对他人的依附,这些并不是女性的弱点,而是女性的特点,社会应该认同并认可她们。她们对男女平等不感兴趣。因此,她们反对男女之间存在差异的想法,否定自由主义女性主义提出的如妇女参军等,而是提倡男人和女人不应该参军,在部队的军事化体制下,男性的父权制凸显到了极致,在这里女性遭受的非人待遇是难以想象的,而战争又会让生命、让自然遭受毁灭。"女尊"的口号,清楚地表明了文化女性主义者的立场和想法。她们认为,生育等被认为是对女性伤害的生理功能会让女性产生更多的荷尔蒙,这个是男性不具备的,女性的荷尔蒙会让女性变得更加卓越。还有,她们认同生态主义女性主义的观点,认为女性是和平的使者,男性总是战争的发动者。女性注重人际关系,很合群,而男性是典型的个人主义。女人总是注重从整个过程的开始来从事各种行为,而男性迷恋看最终的结果等等。总之,文化女性主义者认为,女性在诸多方面都优越于男性,因此更加能够引领和主宰这个世界。

法国著名的女性主义者伊利格瑞曾提出作为一个女人要求平等是错误的表达。为什么女性被利用,为了解决这个问题,性差别是唯一的原因。她批评一些女性主义者为争取性别平等而倡导"中性"。她认为,中立将意味着人类的灭亡。她指出,每个男女的自身价值的确立是必需的。女性特征本来就属于女性而现在却被所谓的社会公正剥夺,就连女性仅存的文化价值也没有了。这种优越的文化的观点很显然并没有离开激进女性主义的论述方式,她们还是强调男女的生物学意义,是典型的"生物学决定理论",从本质上来看,和那些强调男性的生物学决定理论者的思路没有什么不同,只不过她们强调的中心对象不同。可以说文化女性主义的观点有点过犹不及的态势,但是毕竟这是女性主义者向大家示弱,是为作为弱者的女性正言,因此,在这个到处都打着男性烙印的世界里,还是具有一定的积极作用的。

从 20 世纪 80 年代末开始,女性主义出现了后现代转向,这是女性主义理论发展史上的重要事件,于是后现代女性主义诞生了。后现代女性主义不再单纯研究男性和女性之间的性别平等,而是更多地关注这种性别平等的特定历史环境、各异的社会性质以及价值观方面的差异。她们提出了无论是激进女性主义还是自由女性主义,她们对女性的研究都没有离开生理差异,要么是承认差异性,要么是否定差异性,但不管怎么都紧紧围绕着"女性生理性"即女"性"的性别而展开的。后现代女性主义将这种差异性进行了"解构"。她们严格按照萨特的解构主义理论对女性的性别差异进行分析,从社会性、历史性、文化性等方面分析"女性"这个词汇,认为女性无论怎样都应该放在特定的历史、地理和文化中来探讨,否则没有任何意义。因为抽象的谈论女性,这样的女性仅仅是观念上的,并不真实存在。她们提出第三世界女性主义和女性同性恋女权主义是在西方世界对妇女质疑的常见问题。尤其是在德里达的名言中体现了后现代的女权主义关于"女性"的生理性疑问:"世上没有什么东西叫有关女人的真理,女人只不过是真理的非真理性的一个名字。"[108]

除此以外,后现代女权主义者们还对女性自我意识提出了质疑并否定女性主体意识的存在。她们认为女性的主体意识并不是先天固有的,而是后天形成的,它是在特定历史、社会环境中逐步建立起来的,因此是多样的和不断变化的。女性的主观能动性也是文化建设,是全面实践主观之间的内部矛盾进行的各种话语产生。因此,后现代女权主义者认为,早期的女权主义设想,女性意识是和性别同时产生,建立在性别差异之上的说法根本行不通。后现代女性主义者朱迪思·巴特勒提出的性别角色"表演"的理论,

女性意识是在实践的反复表演的过程中实现的。人们不选择做一个男人或一个女人,人是被迫继续遵循男人和女人的社会规范,构建两性关系。因此,批评的声音就出现了,她们说巴特勒这一理论把人的性别渺小化,性别在巴特勒那里就如同穿衣服和戴帽子一样简单,可以很容易地更换。后现代女权主义这种差异往往会不断地完善其哲学思想中的生理差异性。她们指出她们反对的并不是生理差异,生理差异本身并不会对女性造成伤害,她们反对观念上的生理差异,就是人们心中对生理差异的认识,是这种生理差异的观念对女性产生了压迫。因此,她们反对人们反复的提醒女性的生育能力、女性的固有气质,这些意识形态的强化对女性的伤害才是根源。

总之,后现代女性主义者反对从宏观的角度对女性进行分析,尤其是深究什么所谓的性别、种族、阶级,她们认为在每个类别中有很大的不同,这些类别很广泛。因为女性来自于不同的阶层、年龄,有着特定的民族习惯、宗教信仰和性取向,因此,她们的个人能力和文化层次、教养都参差不齐,女性意识和主动性都具有特殊性。因此,我们可以说,在这里,后现代女权主义将差异性贯彻到底。虽然女性主义这种彻底的解构让人们更清晰地看到了女性之间的不同,但是有些过了头,在一定程度上让女权主义奋斗的政治基础丧失了。像哈索克指出的:"正当我们当中的许多人刚刚开始打破我们一直被迫保持的沉默,刚刚开始提出为我们自己命名的权利要求,刚刚开始作为历史的主体而非客体来行动,正当此时此刻,为什么主体的概念本身却成了问题?正当我们要形成我们自己关于世界的理论之时,世界是否能被理论化这种非确定性的问题却被提了出来。正当我们开始讨论我们所要求的变革之时,进步的理念和系统地、理性地组织人类社会的可能性却变成不确定和值得怀疑的了。"[109]

3. 从历史的视角审视平等和差异

可以说,女性主义争论的很多问题都顺畅或者有共鸣,但是在"平等和差别"这个问题上女权主义者陷入了僵局。女性主义者们一直在否定差异,要求在政治和法律上实现绝对的平等,但是她们没有考虑现实的社会制度下对性别差异的态度,她们忽略了性别差异的社会意义。事实是,在当下的社会制度里,人们根本摆脱不了性别差异在生活和工作中产生的所有方面的影响。与此同时,这让很多女性失去了正确的特殊照顾,如妊娠、哺乳假期。再比如,在离婚判决上,同样的夫妻之间的家庭财产,妻子比丈夫得到的少,结果是女性的经济状况差很多。性别差异还引起一系列新的问题的发生。例如,传统的观念中对性别的固化印象、刻板印象。最可笑的假设是:一个人天生的性犯罪者,只要一个女人的存在,一个人将是贪图侵权诉讼。有了这样的假设,美国法院作出这一判断:女人不能在阿拉巴马州当狱警,妇女不能在少年司法所当牧师。

这种保护的结果使女性根本获得不了自己满意的职业,也不能尽最大能力发挥自己的才华,做不到人尽其才,因此女性也不能得到理想的高薪酬。因此,性别差异再次和平等交织在一起,人们开始提出很多思路来解决二者的矛盾。女性主义者因为这样的认识始终是有代价的,旨在保护妇女的特殊措施,到最后会成为女性获得平等的障碍。而且,通过立法来确定对女性的特别保护会出现忽视女性与女性的同性之间的差异问题。于是可能会出现下面的现象,一些妇女确实需要保护,她们因为法律的保护而获得利益,而另一些妇女她们根本不需要保护,这种保护不仅不会对她们有利反而会成为她们的负担。

因此,怎样平衡平等和差异之间的矛盾,使二者趋于合理呢？问题就出在"平等"内涵的理解范围上。关于女性性别平等的讨论主要是围绕平等的核心内容——"相同"还是"相等"。人们总是认为人与人之间在很多方面都是相近的,因此应该接受同样的待遇。平等是掩盖人与人之间差异性的,因此仅仅是生理上的相似并要求有社会生活上的平等。它不会立即感到有必要为人们做出直接回应,但在具体的方案中针对特定的人是抽象的,抽象的规则尝试解决这种利益冲突。性别平等这一抽象原则,就男人而言,似乎是一个威胁,对于女性而言,是男人给女性的许诺,他们将自己的特权出让给了女性。然而,对一些女权主义者来说,她们放大了女性的性别差异性,试图要让女性变成男性化,完全不认同女性的生理功能和身体差异。认为一个女人应该拒绝"与男子平等"的信条,因为这个说辞是对男性统治的认可,是在意识形态下市民青睐的最根本的东西,因为这个信条实际上就是要让男人成为人类的标准。因此,在女权主义者那里,平等概念的指代意义非

常有限,但是她们又不得不使用它,因为在资本主义社会,等级制度森严,平等成为女人必须使用的唯一武器。当然在刻画有远见的女权主义的眼光时,她们又必须要重新理解这个概念,并赋予其新的意义。

事实上,有两个层面的平等含义,无论是忽视差异的平等观还是重视差异的平等观,都是强调实现男女形式上的平等。这种平等观注意的重点在于正义的法律在形式原则上只同样适用于每一个人,没有涉及正义和公平的现实实现。他们强调的所谓平等相待,正义的程序和平等的社会机会都是平等的形式范畴。平等的实质并不在这些方面,它应该是着眼于平等的最终结果,这就要求社会的基本利益平均分配到每个角落,每个人都能够受益。现实的情况是,平等在形式上已经基本实现,大部分妇女遇到的情况是结果问题,她们没有获得实质上的平等。因此,女性需要一种引导她们实现实质平等的理论的发展,以满足当今的女权主义斗争发展的需要。就在此时,唯物主义女性主义走上了历史舞台,她们将平等和差异都放在了特定历史环境中进行分析,为女性主义走出平等和差异的矛盾困境找到了路径。

可以说,唯物主义女权主义并不是一个独立的女权主义派别,它是在自由主义女性主义、马克思主义女性主义、激进女性主义等各派别中行走,吸取它们的营养,建立一种特有的女性主义理论。唯物主义女性主义的最大特点是,它是建立在马克思历史唯物主义基础上,专门从历史出发思考女性问题,探索妇女的从属地位和物质基础。并将女性群体与其他附属群体作对比,研究人们看待性别差异的方法。唯物主义女性主义者的研究方法为女权主义研究指出了一个新的理论观点:只有从追求平等形式过渡到追求平等实质性的视野,女权主义才能真正探索出女性解放的道路。

可以肯定地说,在平等的形式问题上和实质问题上,唯物主义女性主义坚决主张关注性别平等的实质,这体现在其经济和性方面。事实上,唯物主义女性主义理论观点隐含的性关系和阶级,不断与此交叉关系的处理,尤其是那些横在自己建造理论关系之上的交叉的种族和性别身份。唯物主义女性主义通过历史关系的研究,发现了妇女受压迫的物质根源。唯物主义女性主义者克里丝汀·德尔菲是其中的典型代表,她指出:"在资本主义社会有两种生产方式,一种是工业生产方式,大部分商品是由这种生产方式生产的;另外一种是家庭生产方式,家庭服务、儿童保育和一些特定的物品由家庭生产方式来生产。第一种生产方式引起资本主义剥削,第二种生产方式引起家庭剥削。这两种剥削方式在那些参加工作的女性身上实现了交叉,形成超级剥削。而在婚姻框架内提供无酬的劳动,是女性所介入的独特的生产关系。因此,家庭是女性受剥削的场所,家庭生产方式是妇女受压迫的物质基础。"[110]

社会主义制度成了唯物主义女性主义者实现女性解放的希望。她们认为历史是平等与差异之间矛盾产生的土壤,也只有在历史中才能彻底解决二者之间的问题。她们认为资本主义的特殊生产关系、压迫人的资本是"人人平等"的物质基础,这是一个伟大的悖论。莉斯·沃格尔提出,在资本主义社会,关于"人人平等"的社会性别平等的分析是重要的,但它是从概念上讲太狭隘。她指出,平等应该是全方位的,应该是涉及生产力、生产关系、经济活动、政治法律等一切社会机器。资本主义为了实现剥削利益最大化,必须首先考虑那些与"自由",地位和劳动买家平等的身份。但平等是隐藏在阶级压迫之后的。在资本主义社会,政治上的自由和经济上不自由是一体的,而且是不可或缺的,二者互为矛盾体而存在。民主权利的范围越大,就表示资本主义的压迫越多。因为资本主义的民主的前提并不是人人平等而是榨取剩余价值。这是经济层面的意义。当工业资本主义兴起两个多世纪后,最明显的政治不平等都消失了,但需要人民之间的更细微的平等,例如,黑人、妇女、少数民族、同性恋、老年人、残疾人、精神病人的反对不平等的斗争。然而,不管是不是基于平等的前提,至少现在的人还在出卖着自己的劳动,也许只有到了真正自由的平等的社会才会改变现状吧。

唯物主义女性主义之所以具有这样的远见卓识,这都要归功于马克思主义。马克思在《哥达纲领批判》中就提出了没有阶级的社会的理想,他在这里指明了解决阶级平等这个矛盾的办法。马克思认为,我们理想的共产主义社会是这样的,因为每个个体的人都具有特殊性,因此,单纯强调权利一致平等反而会出现不平等。"为了避免这一弊病,权利不应是平等的,而必须是不平等的。"[111]马克思指出,在那个"各尽所能,各取所需"的理想社会里一切的矛盾都能解决。我们可能会认为马克思并不在意平等问题,其

实他是要实现在本质上平等的更精确的概念,他要实现的是平等的结果。这并不是忽略所有作为正义的先决条件之间的差异平等的概念,马克思所说的是一个更精确的、具体的和适当的平等,因此是真正的平等。

(二)家务劳动与社会劳动的辩证分析

在 20 世纪 70 年代,玛格丽特·苯斯顿在《妇女解放政治经济学》中使用马克思的价值理论对家务劳动进行对照比较分析,她质疑了女性的家务劳动,认为家务劳动根本不符合马克思主义的价值规律,她的发问将马克思主义女性主义的话题从阶级、人类的讨论角度转向了价值问题的讨论,引发了关于家务劳动与社会劳动的辩论。这场争论的焦点是家庭内无偿家务劳动生产的价值,家务劳动是否应该工资化以及女性解放的社会化问题。

1. 家务劳动之争的背景:重评家务劳动及性别分工

马克思主义女性主义者对男女两性分工及家务劳动的报酬问题产生争议。支持家务劳动创造价值的学者们指出,家务劳动虽然不具有交换价值,但是家务劳动由于包含着生育下一代,因此能够生产劳动力价值。从这方面看,从事家务劳动的女性和从事生产劳动的工人同等重要,家庭也就和工厂没有区别,都是资本主义压迫人的阵地。因此,女性也不需要进入劳动力市场获得工资,因为家庭就是她们的工厂,为她们的家务劳动支付工资是理所应当的。反对家务劳动支付工资的学者们认为,给女性的家务劳动支付工资是对马克思主义价值观的错误认识。因为在今天,女性从事家务劳动在社会上是被普遍认同的,有偿的从事家务劳动的想法根本不可能,女性根本就不可能从家务劳动中获得解放。这促使女性的社会劳动在资本主义条件下成为马克思主义女权主义深入讨论的话题。女性主义者们认为,二者的关系受制于家庭劳动的女人的工作情况。女人靠男人养活的处境,使她们即使从事生产劳动获得的收入也比男人少。反过来,女性获得低收入在家庭中强化了她们对男性的依赖程度。因此,恩格斯说,虽然男女间的不平等具有历史的原因,但是"决定两性间的分工的原因,是同决定妇女社会地位的原因完全不同的。有些民族的妇女所做的工作比我们所设想的要多得多,这些民族常常对妇女怀着比我们欧洲人更多的真正尊敬。外表上受尊敬的、脱离一切实际劳动的文明时代的贵妇人,比起野蛮时代辛苦劳动的妇女来,其社会地位是无比低下的。"[112]女性主义看到越是发达的资本主义国家不平等的现象表现得越明显。她们认为问题的核心是劳动力的层次划分。女性主义者认为:就像女性从家庭的厨房来到工厂大食堂工作一样,女性在这个过程中实现了从私人生产向社会工作的跨越,女性因此获得独立的经济地位,也获得了生存的物质基础。此时,女性受歧视的外部环境消失了,她们可以获得了一定的自由,不再局限在家庭的小范围内,可能她们还是会认为社会地位没有男性高,但是不要紧,她们已经摆脱了受歧视的物质基础,她们已经向性别分工的道路上迈进了。

总之,"在资本主义评价体系面前,家务无酬劳动不断衰退,对这一趋势女性主义者在肯定和拒绝中摇摆,由于家务劳动索要工资、需要国家和专业化服务照顾孩子,她们肯定这一趋势,同时,男人和女人之间相互照料的形式,她们又拒绝这一趋势。"[113]

2. 家务劳动社会化的妇女解放策略

许多马克思主义女性主义者不认同的论点是:马克思和恩格斯轻视了女性的工作,淡化了女性在资本主义社会生产中的作用。女人在马克思那里总是被认为纯粹是消费者,似乎男人的角色就是去挣工资,而女人的角色就仅仅是用男人赚来的钱去买资本主义工业所生产的合适商品。但是,玛格丽特·班斯顿指出,妇女首先是生产者,其次才是消费者。事实上,在班斯顿看来,妇女构成了一个阶级,即由这样的人群构成的阶级。女性的职责就是做家务。她们在社会生产中工作也不能抵消了她们在家庭中从事的家务劳动。而且,对于已婚女性来说,她们要想从事社会生产劳动的前提是做好分内的事儿,否则她们没有权利从事社会生产活动。这样其实是女性遭受了双重的压迫,承受着双重的负担。

女性惯例性的活动是双方面的——她们对生存以及抚养孩子所做的贡献。无论我们是不是跟她们一样,她们都习惯性地负责生产和繁殖后代,所有女性都被迫成为可以同时完成这两件事的人。女性对生存所做的贡献的性质随着时间和空间有了很大的改变,我要谈的第一点是对资本主义的影响,第二点是在此之前对西方阶级社会的影响。在资产阶级社会,女性对薪水和家庭生产都有不小的贡献,也就是说,她们跟男人一样在家出售自己的

劳动力创造商品、剩余价值和使用价值。然而,与男人不同的是,女性的生活习惯性地被她们在家生产的使用价值所定义。在此我们将遇到马克思主义生产观念的局限性。社会学家没能很好地理解女性在家创造的使用价值。对女性学家来说,恩格斯单纯地问女性如何在外从事生产工作后继续在家工作。马克思也认为女性负责家务劳动是理所当然的。他重复提到一个比利时工厂检察员的问题,好像是他自己的问题一样:如果一位母亲为了薪水而工作,"家庭内部经济该如何顾及? 谁来照顾孩子? 谁来洗衣、做饭?"

女性劳动者做的工作比男性劳动者还多,我们都对"周末休息"这个现象很熟悉,有迹象表明女性每星期比男性多工作数个小时。第二,女性的大多数工作时间都用来生产使用价值,男性则不然。女性生产的只有一部分被称之为"商品"(然而她们生活的社会是由商品生产和商品交换构成的)。第三,女性的生产是由一种与男性不同的特殊的重复构成的。然而对女性和男性来说,这种重复会表现为同一个对象,一遍又一遍的生产——无论是苹果派还是制动器——女性的家务劳动就包括重复的打扫工作。

女性家务劳动的社会性还表现在家吃饭变成在公共食堂吃饭,这种变化的安排也许仅仅意味着女人走出她自己家狭窄的、私有的、个人的小厨房,进入宽敞的、公共的、集体的大厨房而已。不过,班斯顿预言,即使这样的简单转变也能代表妇女处境的改善。班斯顿认为家务劳动社会化的重大意义不仅是让女性从烦琐的、劳累的、没有回报的劳动走出来,还会加深人们对家务劳动重要性的认识和女性从事这样工作的认可度。因为,只有当家务劳动的繁重程度得到社会上的普遍认可,人们才会放弃对女性的歧视,重估女性的价值。因此,正如恩格斯所说的,妇女获得解放的第一个社会条件就是女性重新回到公共事业中去,也就是从事社会生产活动。妇女的主要经济解放是对经济形势摆脱依赖,女性必须打破基于性别分工的经济解放。让女性从隐蔽的剥削遭遇中摆脱,获得经济上的独立。

3. 家务劳动合理化与女性主体建构

女性主义者普遍认为家务劳动的意义不仅仅是简单的家庭内的工作。在某种意义上也是社会劳动,她是社会劳动中生产与消费的重要组成部分,没有家务劳动的社会劳动根本不可能完成它的生产、交换、消费的各个关键环节。对女性从事的家务劳动和生存活动的关注引起了一种资本主义国家的生活模式的改变,这种生活模式完全是由商品交换而不是产品构成的,而且与具体的物质生活相差甚远。当然也会有种族和阶级的问题。例如,工人阶层比上层社会的人做的家务多——汽车修理、木匠活等等都在其列。直到最近,许多黑种女性除了做家务外还要为了生计的需求从事大量薪金工作。然而,在劳动制度化性别分工上也出现了许多共同点,因此女性既做家务又做薪金工作。

然而,女性对生存的贡献仅代表女性劳动的一部分。在眼前和长久考虑的基础上,女性生产或再生产男性(女性)。这种关于女性"生产"的观点深刻揭露了生产观念作为一种女性活动的描述的缺陷。我们不能像生产一个物体,例如像生产一把椅子那样生产另外一个人。更加复杂的是帮助他人成长、渐渐脱手任其发展、人类行动局限性的经验——这些都是女性作为母亲的活动特点。女性更多的是作为母亲而不是作为劳动者,她们被制度化地卷入变化和成长的过程中,而且必须懂得避免一直控制其他人的成长的重要性。这其中涉及的活动远比跟他人一起从事操作物体的仪器工作复杂得多。可以说女性生殖是一个自然的经验超越了无产阶级的经验与自然统一。根据女性主义理论家提出的:"再生产的劳动力可以说是连接蜜蜂和建筑师的功能,她无法阻止她所做的。"就像劳动者对外部世界的表现改变了世界也改变了劳动者的本质一样。因此,"新的生活改变世界也改变女性的观念"。除此之外,在人类繁殖后代的过程中,与他人的关系将呈现多种形式,而且有深层的意义不仅是为了共同的目标进行简单的合作——这些形式通过一个多层次的、改变连接的方式从一个深层的统一体到另一个统一体,母亲的经验随着孩子的成长而增加。最终,女性生育和抚养孩子的经验需要身心的统一,这比工人从事一起工作的意义更深远。

马克思主义女权主义者认为当代资本主义社会就是父权制社会。因为资本主义与父权制已经完全融合,具有同等指代意义。她们强调使用一个概念对资本主义和父权制进行同一理解,这是一个共识。她们认为,资本主义和父权制相辅相成。共同发挥作用,造成了家庭主妇的悲惨境遇。男性

为了保护自己的特权,采用了资本主义制度,达到对妇女权利的限制的目的,形成了一个独立的基于性别的岗位分离和女性就业的歧视,确保妇女继续依靠男人的经济,促使她们选择家务劳动作为一项女性专属劳动。从利润最大化进入劳动力市场的女性就业需求的角度来看,劳动力的生产和再生产需要发挥妇女在家庭中的作用。父权制与资本主义相结合形成的女性社会再生产使得女性处于从属家庭和社会中的地位。以妇女在资本主义经济价值中劳动力再现的角度分析其社会公正的重要作用,是展示家庭主妇的角色,是确保资本主义社会再生产劳动力的有效评价,是成本最低的机动劳动后备军。

以上关于女性家务劳动的阐述,可以被看作是一个社会主义女性深化马克思主义理论的有益的探索。女性这样就业的方式,在一定程度上是她们的社会地位有了一定的提高,社会就业让女性有一定的收入,从而也提高她们在家庭中的地位;在另一方面,妇女参加社会工作,也开拓了她们的眼界,使她们的生活已不再局限于传统的范围之内;再者对于平等权利运动和"匹配值运动"的斗争是从平等和社会正义、为人民增进人类高度性别平等的角度来看待的。然而,在现实中,资本主义社会,妇女参加社会工作,进入劳动力市场并没有真正使她们获得解放,因为妇女在劳动力市场仍处于劣势,这一点尤其体现在她们付出的劳动不能得到与男性平等的工资。

总之,与传统马克思主义女性观点不同,马克思主义女权主义不仅强调女性公共领域社会工作,而且重新定位了她们在私人领域的劳动——家务劳动。她们认为,资本主义的特征是劳动力的公共和私人的分离。在公共劳动中,劳动者通常是男性,他们出售他们的劳动创造资本家可以在工业生产剩余价值的产品,私营劳动主要是针对家庭劳动再现劳动资本主义剥削。市民通过支付给职工的劳动工资,以及私营劳工领域显示的价值——没有报酬的家务劳动,被看作是重量轻的非关联劳动,就是这种劳动造成了女性的低下地位。为了重新定位女性的家务劳动,以及这种劳动在人类发展中的作用,马克思主义女性主义者认为女性应该把家务劳动摆在核心的位置,重塑自身主体地位。

三、性别分析与阶级分析的融合

性别分析和阶级分析的融合是历史的一个进程,在欧文的乌托邦幻想中就已经将二者结合在一起。阶级分析是马克思主义批判资本主义的重要工具,也是女性受压迫分析框架下的范畴构建,马克思主义女性主义吸收了各个流派的观点,尤其是激进主义女性主义关于阶级和性别歧视造成了女性受压迫的理论观点,现今社会,社会制度范畴内的政治、经济、文化等重要因素都为女性主义者理解和解析女性的从属地位及女性解放的道路提供了有力的论证。马克思主义女性主义者认为应该将"性别分析与阶级分析"作为女性理论的主要和重要的概念,并在性别分析女性状况基础上对传统马克思主义和一元制理论进行批判。

(一)对男女性别关系的分析

马克思的历史唯物主义认为两性之间的性别关系实质上是一种社会关系。特别是在解释性别压迫的问题时,二者之间的对等关系显示得更明显。在资本主义社会,物质生产资料是有限的,男人和女人之间为了物质生产资料形成了对抗,劳动力的性别分工为男性占据越来越有利的生产和生活的物质资料提供了条件。人与人之间的服务关系被生产资料的私人占有制取代,成了妇女受压迫的最直接的根源。

劳动力的性别分工范畴比阶级范畴涵盖的内容更具体、范围更广,分析更清晰。艾里斯·扬就认为,"对性别分工的分析是针对社会中相互作用、相互依赖的特殊关系在更为具体的级别上进行的,这使之变成了一个综合的网状系统。她描绘社会成员之间根据他们在劳动活动中所起作用所进行的结构分配,并且评估这些分配在经济和统治关系以及政治和意识形态结构起作用的情况下的结果。"[114] 为了使得性别差异的现象分析更有实践价值,艾里斯·扬主张把性别分工提升到阶级的层面,将性别分工放在分析方法的核心位置。性别分析的方法可以用在很多问题和诸多领域上,如,用性别分工分析当代资本主义社会中公务员和专业技术人员谁的作用更大;用性别分工分析种族歧视和阶级压迫特别是女性的受压迫问题,这些问题的分析结果可能比单纯用阶级分析的方法更优越。艾里斯·扬还指出,性别分工还可以运用到对生产关系的分析上面。她说,到目前为止,在每个社会分工都对社会发展起到了决定性的作用,这是毫无疑问的,所有影响精细的社会性别分工作为一个整体,因此,社会生产的经济关系的综合分析需要特别注意劳动力的性别分工。

女性在每一个社会工作的系统是不同于男性的。劳动分工首先提出的是在一些社会中仅仅是单纯的性别分工。而且,它的核心是更普遍的社会劳动的组织。在对劳动的性别分工进行解释的基础上,应该能够开始探索女性和男性之间的行为的对立、分歧及其认识论结果。虽然我不能尝试做一个完整的陈述,我会提出一个概要的、简单的陈述,关于劳动的性别分工及认识论结果。我将勾勒出一种社会关系和世界观的理想类型,以男性和女性的活动特性探讨认识论包含在劳动制度化下的性别分工。这样做,把视角归咎于不仅仅是马克思(或卢卡奇),这也就意味着他们的阶级意识理论适用于任何特定的工人或工人团体。重点不再是制度化的社会实践,而是具体的认识论和本体论制度化的性别分工的体现。

个人,作为个人,可能会改变他们的活动方式,其中只有当它发生在整个社会层面时改变会特别显著。"性别分工",而不是"性属分工"首先要强调男女之间的分工不能被降低到纯粹的社会层面。首先,必须区分萨拉罗迪克所称的人类生活"不变,几乎不可改变"和那些尽管是"几乎通用"而且是"肯定是可变的"二者的不同。因此,事实上女人和男人不生孩子不是一个社会的选择,但在社会结构下强制异性恋和男性主导地位显然是一个社会的选择。使用术语"性别分工"的第二个原因是为了保留肢体方面的存在——也许是为了抓住它,努力地不让它消逝。但其规模和实质性的内容将保持未知,直到有确定的劳动性别分工方面的变化才会改变。

(二)阶级分析 ——资本主义制度

在对性别分工的概念论证之后,马克思主义女性主义者使用阶级分析概念分析了在当代社会女性被压迫的问题。她从三个方面解释了这种提法是植根于资本主义制度之中的。

1. 资本主义社会和父权制是合二为一的关系

马克思主义女性主义者们通过资本主义社会的不平等表象看到资本主

义社会存在的重男轻女的性别偏见,其实,资本主义就是一种父权制社会。只不过不同的是资本主义以阶级和阶层定义社会人群,而父权制是通过性别关系来定义人群。而这两种定义方式在以往的社会形态中已经产生,只是表现形式不同而已,并不是到了资本主义社会才突然出现。现在资本主义社会中,女性的遭遇完全拜父权制所赐,她们的境况是这样的:女性付出与男性相同甚至更多的劳动,却获得少得可怜的收入;在生产工作中还要经常提防随时面临的性侵犯;回到家中还有繁重的家务劳动在等待着她们。女性在社会化生产中身体、身份完全被割裂为公共领域和私人领域。工作量也分为公共领域的生产劳动和家庭中的家务劳动。女性的处境可想而知了。我们再看看资本主义以前的社会中,女性的境况是如何的。其实那时候父权制也是压在女性身上的大山之一,但是由于那时的生产力水平的发展,经济关系简单,女性无须从事社会性生产,女性所受到的压迫比现在小很多,她们只要照顾好家庭就好。她们的体验和现在的女人是不一样的。艾里斯·扬因此推断,父权制和资本主义制度紧密相连,将二者分离看待的做法是错误的,父权制在时间上的优先并不代表它和资本主义没有关系。因为,阶级和性别是纠缠在一起,很难完全剥离的,随着社会的发展,二者总是并肩发展,进而形成现在资本主义社会中我们看到的情况。因此,可以得出结论:资本主义和父权制是合二为一的关系,脱离阶级而单纯谈论性别分工是历史虚无主义的表现。

2. 女性的社会地位随着资本主义的发展不断下降

回顾历史我们可以看到,除了母系氏族社会以外,女性的社会地位一直很低,处于男性的从属地位。但是不管怎样,资本主义社会时期都是女性社会地位、阶级压迫、生活遭遇最糟糕的时期。在资本主义之前的社会制度中,婚姻是一种订立的经济契约。女性只是和男性一起完成生产生活,她们在经济上并不完全依赖男性。而且当时的法律还保护这种契约关系,允许女性在婚后拥有个人的私有财产。当家庭即是生活场所有时生产场所时,女性的优势显现出来了。她们和男人一样地工作,甚至拥有更多的知识和技术,因此对于家庭和农场的工作是非常重要的。女性的地位并不比男性低。19世纪,随着工业革命的到来,生产力大发展,一切都改变了。婚姻关

系从原有的经济契约变成了男性的一手遮天,女性再也不是独立的经济主体了,本该属于她们的合法权利也被剥夺了,在资本主义历史上第一次将妇女推向了经济活动的边缘。资本主义社会体制将工作场所和家庭分离,在工作场所为主要劳动力的是男人,而女人被限定在家里成了次级劳动力,一个新型的男女关系产生了。女性成为劳动力的"替补队员"。当一个新开工的工厂招聘工人时,女性根本不在招聘范围内,只有男性才有资格参与社会生产劳动。当条件变化,战争或者自然灾害需要男性上战场时,工厂才求其次地招聘女性劳动者,女性也只有在此时才能进入社会生产领域,而这种参与生产的活动也只是暂时的,男人一旦从战场上返回,女性就自动被解雇了。因此,是资本主义社会制度使女性的社会地位每况愈下。

3. 劳动的边缘化是资本主义制度赋予女性的命运

马克思主义女性主义者艾里斯·扬推崇性别分析,但是也强调阶级分析的重要性。她提出:"把妇女推向边缘,从而使她们起次要劳动力的作用是资本主义本质的和基本的特性。"她认为资本主义需要女性的边缘化,这是在资本主义制度下认识女性的关键条件。资本主义就是一种剩余劳动力大量存在的社会制度。大量剩余劳动力是资本主义得以正常运行的前提。这就是说,在资本主义社会生产中,剩余劳动力的数量不断变化,而且是越来越多。这样的社会制度需要确定一个用于区分次级工人和主要工人的标准,该标准是劳动的性别划分。

阶级、种族的因素都是资本主义划分劳动力的重要标准,但是最为有用的当属性别,因为性别是最分明、最有生命力的标准。从女性社会地位和生存境况可以看到性别的重要性。如前所述,女性首先是作为劳动力的"替补队员",随时接受着雇佣者的上岗下岗的调遣。其次女性被用来作为一种工具,以维持工资的低水平。因此艾里斯·扬的结论是,以这种方式,妇女总是充当次级生产者,巩固了资本主义的意识形态,并加剧了妇女劳动力边缘化的状态。艾里斯·扬承认,资本主义社会重男轻女的传统观念和女性劳动力的任务更贴近家庭的性质,使妇女的劳动被边缘化,生活处在一个次要的位置。然而,不可否认的是,"资本主义意识形态却把妇女同家庭范围的联系和同家庭以外的脱离大肆扩充,无限夸大,同时使之变得十分平凡琐碎。"[115]

艾里斯·扬突出强调了社会上两类普遍共识的社会观念。一种社会观念是母亲是女性本体论角色。女性不用出去工作或者说生产工作不属于女性,这就是女性被社会边缘化过程中所造成的后果,并且这个后果已经被证明是个事实。

从19世纪开始,母亲是女人的本职工作就成了普遍共识。女性总是和柔弱、无力联系在一起。她们不能从事重体力劳动,只能做点养孩子的活计,当男人工作之后回到家中,家里被女性布置得井然有序,充满温情。另一种社会观念是家庭主妇的认识。艾里斯·扬认为,女性就是家庭主妇的思想是资本家的阴谋。资本家试图定位女性为家庭主妇,这样她们就可以将女性限制在家庭中,她们和外界隔绝,并不了解外面的世界,出去工作也会被资本家给很少的工资。这样可以有效组织女性联合起来。女性们看不到外面的世界,她们天真地认为只有资本主义社会里的家庭主妇才能过上这种幸福的生活。这种生活是工人家庭的女性可望而不可即的。因此,资本主义不是简单地使用或改变性别等级,从一开始,它是建立在男性的主要规定,女性第二性级之上的。女性的压迫是资本主义本质的需要,是在资本主义制度下的特殊存在形式。艾里斯·扬很自信地说,如果你能在资本主义社会的任何角落发现女性没有被边缘化,是处在中心位置的,我就承认这不是资本主义的本质特征,但是事实的情况是即使女性已经处于资本主义经济中心,往往妇女的劳动还是受到排斥。因此,在资本主义社会我们根本找不到这样的反面例证。劳动边缘化是女性在资本主义社会中的必然命运。

(三)性别分析与阶级的分析融合

按照马克思主义的理论,私有制社会中阶级是和社会经济紧密相连的。拥有生产资料的阶级处于社会的上层,没有生产资料的阶级处于社会的下层。因此有产者总是压迫和剥削无产者。而女性作为无产者的无产者在资本主义社会中受到最恶劣的压迫。阶级是马克思和恩格斯使用的一个主要的概念,他们用阶级这个概念对社会历史的发展和社会的现实进行范畴分析。认为阶级和阶级斗争并不只是压迫女性的根源,而且是社会发展的原

动力。具体表现在"至今一切社会的历史都是阶级斗争的历史"。[116]马克思主义的历史唯物主义认为,是因为人与物的分配关系的发展才产生了阶级,阶级的产生需要三个现实性的因素:第一是阶级的主体人。这个创造历史的人必须是能够生活的自然人,他也取决于物质的存在。但物质生产是有限的,不能满足所有人的最大需求。第二是分工。劳动生产率增长,产生更多的生产资料,人们的消费需要被满足了。同时,分工也让主体人有了活动生产工作的正当性基础。再次是私有制。如果生产资料的有限性是阶级形成的前提条件,分工为阶级的产生做好了必要的准备,那么私有制所扮演的角色就更重要。它是一个诱因,直接导致阶级的出现。就像马克思对人的定义一样,"人是一切社会关系的总和",女人作为类的一部分理所当然也是一种社会关系。"一个顺从的女人是个什么人?她是人类雌性中的一员。可这个解释就跟没解释一样。一个女人就是一个女人。她只有在某些关系中才变成仆人、妻子、奴婢、色情女招待、妓女或打字员。脱离这些关系,她就不是男人的助手,就像金子本身并不是钱……"[117]

1. 劳动性别分工的原因阐释

经典马克思主义的理论缺陷是看到了资本主义社会中女性从事社会生产劳动对资本主义社会的发展是具有积极作用的,但是女性的这种工作形成的原因是什么,为什么说女性从事的这些工作就被定义为"女性工作"。经典马克思主义者们没有做出有力的证明。因此,女性解放问题也就被淹没在众多的资本主义压迫问题之中了,而马克思主义女性主义做出了具体阐释。

首先,经典马克思主义理论对于性别分工的原因并没给出合理的解答。马克思在这个问题上的分析是模棱两可的。恩格斯的解释虽然在历史上产生了重大轰动,但是其理论漏洞也是很突出的。举例说明:恩格斯考察了原始社会的人类生存状态,认为女性和男性相比更多的是从事家务劳动。但是人类学的科学资料已经显示:在原始社会,男性和女性是共同参与生存劳动的,她们所采集的野果并不比男性少,甚至更多。又比如,在在母系氏族中,女性处于绝对的领导核心,但是女性并没有因此而欺负与自己不同性别的男性,她们并没有将劳动成果全都占为己有,她们也没有创造出新的分配形式,她们甚至不关心自己的后代是男还是女? 在类似种种问题面前经典马克思主义无话可说。受到连带影响的是女性的从属地位和受压迫的问题不能得到明确的解释,妇女解放的问题就更不用说了。关于女性的性别分工的观点,使得经典马克思主义不仅在理论上是不完善的,也使很多妇女问题不能用马克思主义的理论体系来解释,如为什么男人打女人或男人强奸女人,而不是反之亦然。

其次,传统马克思主义对再生产问题,特别是女性生育问题没有涉及,如果有,也过于笼统。因此,不可能找到女性受压迫的根本原因。在经典马克思主义女性主义理论中,对生产和消费的划分标准值得商榷。他们认为女性在家庭中的家务劳动是消费而不生产产品的使用价值。这样的区别是很不合理的,它使家务都被排除在生产行列之外,退出了劳动市场,妇女的劳动就丧失了"价值"。按照经典马克思主义的理解,社会实践是由在社会上占统治地位的生产方式决定的生产实践。用这个理论去解释生育问题,是不平等的,没有在历史中体现生育劳动的历史性,马克思主义认为生育是作为一个自然的、生物的,是人类社会赋予女性的角色。于是人们就会认为:和男性相比,女性更受到生理特性的制约,女性没有男性完美。马克思女性主义认为,生育是一个历史的过程,由人类生殖生物学与社会的辩证发展综合形成,生育是分析妇女问题的重要途径,可以理解女性不同时期受压迫的情况。

2. 妇女解放的核心课题就是阶级斗争

马克思主义女权主义者们确定妇女解放的核心课题就是阶级斗争。她们认为在资本主义社会中,男性斗争和妇女解放斗争密切相关,她们会成为妇女联盟。尽管男性霸权主义的对立是妇女解放运动的重要内容,但不是核心内容。原始社会根本不知道男性霸权主义是何物,更不可能有种族压迫、性别压迫,这些东西都是在私有制出现之后才产生的。因此,妇女要获得解放光靠自己的力量是不可能实现的。它应该是全世界受压迫的其他成员共同团结起来,一起参与到阶级斗争中来去推翻资本主义,实现社会主义。

马克思主义女性主义不同意将思想观念与生物因素作为妇女受压迫的

原因,她们的这种观点是受到了马克思主义思想的影响。她们认同马克思和恩格斯的观点,提出资本主义的生产资料私人占有制度和不同等级阶层之间的欺压才是女性社会地位低下的原因。提出对女性社会地位的分析需要综合多方面的因素,如阶级的剥削、压迫、阶级反抗都要在其中,她们认为女性要想实现最终的解放,不能没有与剥削阶级的斗争。在她们看来,女性应该是资本主义社会中无产阶级的一员,而且比无产阶级更像无产阶级,因此,女性的解放必须融入无产阶级的解放事业中去进行。因此,马克思的女性主义强烈显示资本主义的本质和社会意识形态是充满了男性中心主义的,而不仅仅是表征着资本主义,如果非要说是资本主义,这种资本主义也是男性的。马克思主义女性主义思想认为阶级只用于区分不同的社会群体和生产相关的信息太窄了,事实上,一些女性主义者的观点认为,女性由于对人类生殖生产做出了贡献,她们生产的"产品"本身就构成了一个阶级,对于女性的研究就应该从社会再生产的角度来分析,因为女性作为再生产活动绝对主体应该在社会中发挥重要作用的。正如马克思主义女性主义学者朱丽叶·米切尔指出的:"在资本主义社会中,生产、生殖、性和育儿四种结构与家庭相互勾结,是压迫女性的物质基础,只有推翻资本主义制度,改变结合成一个整体的这四大结构,女性才能得到真正的解放。"[118]另一位马克思主义女性主义者艾里斯·扬则提出,马克思主义"阶级"为核心范畴的分析,根本不能说明白资本主义国家的妇女在遭受压迫,到了社会主义社会,女性应该获得解放却为何还在遭受着压迫。艾里斯·扬认为马克思的阶级概念里完全泯灭了男性和女性的性别。性别在马克思那里是模糊不清的。因而不能很好地说明妇女遭遇的具体境况。艾里斯·扬对妇女解放的道路进行分析,从阶级的角度来看,她主张从劳动范畴对性别分工进行分析,这样可以让阶级分析得更清晰,更加详细地阐释女性的从属地位。艾里斯·扬说:"我的论点是这样,资本主义最重要和基本的特征就是妇女的边缘化,这个想象随之而来的结果是:妇女沦为次要劳动力。"[119]

3. 对传统马克思主义女性主义理论的批判

第一,阶级概念是对妇女地位的最好说明。

马克思主义女性主义以马克思主义理论为理论基点,提出要想很好地说明妇女的地位和作用只能使用"阶级"这个概念。1969 年,黑人革命工人同盟在底特律成立了《红袜子宣言》,自称男性与女性之间是统治阶级和被统治阶级之间的关系,"妇女是被压迫阶级"。持这种观点的是马克思主义女权主义者玛格丽特·普林斯顿,她运用马克思主义的阶级分析,在《妇女解放政治经济学》中对法国妇女所做的研究得出的结论。普林斯顿认为,与一般人对女性和生产资料无关的观点相反,经济地位是妇女的从属地位的原因。女性在家庭中从事着生育、教育孩子、家务等工作,这些工作的工作场所虽然是在家庭内部,但是她们也是社会生产中的重要组成部分,妇女们不应该仅仅被当作消费者,她们应该是生产者和消费者的共同体。但是,多数情况是,女性的家务劳动根本没有被重视,甚至认为根本就不是工作,没有任何价值。所以,普林斯顿得出结论:女性是在家庭内部创造使用价值的阶级。

第二,关于妇女阶级观点的排斥。

关于女性组成了一个阶级的观点在马克思主义女性主义者中并没有形成共识。一部分马克思主义的女权主义者并不认同女性是一个阶级,而且她们对此持强烈的反对意见。佩吉·莫顿就是其中的反对者代表,她指出,女性在生产中的作用是巨大的,是男性不可比拟的,她们生产使用价值,同时也产生了"劳动力",而这个劳动力正是资本主义得以正常运转的重要成员。这里体现了女性存在的阶级差别,以及妇女双重的工作岗位,莫顿反对女性形成一个阶级的观点。查尼·盖特认为女性加入劳动大军和家务劳动的社会化是妇女解放的前提,她赞同恩格斯《家庭、私有制和国家的起源》中的观点。她认为女性必须成为打工仔,成为无产阶级的一员,加入到无产阶级的斗争队伍中,和其他阶级一起斗争,单单靠女性自己的力量是不可能推翻资本主义制度,实现真正的男女平等的。爱森斯坦也是反对女性成为一个阶级的代表学者,在她的名著《女性主义与性平等——自由美国的危机》一书提出自己的观点:"尽管妇女之间存在着经济、种族等各种差异,但当妇女意识到自身是妇女,就自动构成马克思主义意义上的阶级,也就是说妇女构成一个阶级通过她们作为妇女的意识,即当妇女意识到作为妇女受着压迫时,妇女就构成了爱森斯坦意义上的性阶级。但是,在兰德里等看来,爱

森斯坦关于妇女构成了性阶级的思想难以在理论上提高对父权制与资本主义关系的理解,她不过是延续了她以前通过相对静止和非历史方式对资本主义父权制所做的讨论。"[120]

第三,马克思主义女性主义立场的创建。

马克思主义女性主义者指出,对于资本主义社会的认识,对于女性问题的理解必须树立女性的立场,从女性的角度和实际出发看待问题、研究问题、展望问题的走向。在这个以男性为主导的社会里,女性完全在男性的统治下,思维方式完全受男性意识形态的管控,女性根本没有自己的立场和态度,更别说什么独立的意识形态。因此马克思主义女性主义提出要进行斗争以实现女性的立场。代表人物贾格尔说:"妇女立场代表了那样一种看法,它揭示了妇女真正的意义,只有通过科学与政治斗争才能达到。"[121]建立女性的立场必须做到以下三点:首先,是从女性的经验出发表征妇女的利益。处于资本主义社会不同阶层的女性,虽然经历着不同的社会经验,对社会现状的认知也不一样,但是女性的整体利益是一样的,认识论立场是相同的,所以要打造再现现实的马克思主义女权主义的女性建立女权主义的立场,这个"对现实的系统的再现,这个再现是没有受到歪曲的,它不需要通过把男人利益凌驾于妇女领域之上来歪曲现实。"[122]其次,重新构建现有的理论。现有的理论是建立在世界资本主义体系内的,用以解释妇女在社会生活的各个方面的处境,理论表征女性正在被异化,因此,必须重新建立现有理论,重建女性利益不再服从于男性。"只有妇女不受统治,她们才可能获得必要的资源,从妇女立场出发创立系统、全面的世界观。"[123]第三是建立女性立场的手段。马克思主义女性主义提出女性主义立场的建立必须通过激烈的政治斗争。单纯建立女性的系统论思想实现女权主义立场论的建立是行不通的。要建立女权主义立场,必须颠覆男性特权的统治。建立女权主义,这个过程包括科学的方法,社会变化和社会结构的调整。在这个漫长而艰难的过程中,长期的政治和科学的斗争是必需的。女性应该建立一个类似工会的性质的妇女组织,这个组织代表大多数女性,关心女性的共性利益问题,组织女性发挥集体的力量,让属于女性的权利归还给女性。

第四章　马克思主义女性主义的理论特质

注释：

[88][89] 李银河. 妇女:最漫长的革命[M]. 北京:中国妇女出版社,
2007:19.

[90] 马克思恩格斯选集(第4卷)[M]. 北京:人民出版社,1995:72.

[91] 艾晓明译. 女性主义思潮导论[M]. 武汉:华中师范大学出版社,
2002:171—172.

[92] (美)Juliet Mitchell. Psychoanalysis and Feminism[M]. New York:
Vintage Books, 1974:408.

[93] (美)Juliet Mitchell. Psychoanalysis and Feminism[M]. New York:
Vintage Books,1974:415.

[94] 李银河. 妇女:最漫长的革命——当代西方女权主义理论精选
[M]. 北京:三联书店出版社,1997:92.

[95] 李银河. 妇女:最漫长的革命——当代西方女权主义理论精选
[M]. 北京:三联书店出版社,1997:95.

[96] 李银河. 妇女:最漫长的革命——当代西方女权主义理论精选
[M]. 北京:三联书店出版社,1997:97.

[97] 李银河. 妇女:最漫长的革命——当代西方女权主义理论精选
[M]. 北京:三联书店出版社,1997:98.

[98][99] 西蒙. 波伏娃. 第二性[M]. 北京:北京中国书籍出版社,
2001:688.

[100] [英]M. 菲斯克. 女权主义、社会主义和历史唯物主义[J]. 外国
社会科学,1983,5:30.

[101] [澳]马尔科姆·沃特斯. 现代社会学理论[M]. 北京:华夏出版
社,2000:290.

[102] [澳]马尔科姆·沃特斯. 现代社会学理论[M]. 北京:华夏出版
社,2000:293.

[103] [澳]马尔科姆·沃特斯. 现代社会学理论[M]. 北京:华夏出版
社,2000:298.

[104] [美]凯瑟琳·凯勒.走向后父权制的后现代精神.北京:中央编译出版社,1998:106.

[105] 李银河.妇女:最漫长的革命——当代西方女权主义理论精选[M].北京:三联书店出版社,1997:93.

[106] 李银河.女性主义[M].济南:山东人民出版社,2005:44.

[107] 李银河.女性主义[M].济南:山东人民出版社,2005:50.

[108] Jacques Derrida. Spurs:Nietzsche's Style[M]. Chicago:University of Chicago Press,1979:50 - 51.

[109] A. M. Jaggar, I. M. Young. A Companion to Feminist Philosophy[M]. Mass:Blackwell Publisers,1998:81.

[110] Christine Delphy. The Main Enemy:A Materialist Analysis of Women's Oppression[M]. London :Women's Research and Resources Publication,1977:86.

[111] 马克思恩格斯选集(第3卷)[M].北京:人民出版社,1995:305.

[112] 恩格斯.家庭、私有制和国家的起源[M].北京:人民出版社,1972:46.

[113] [加]巴里.亚当.后马克思主义与新社会运动[M].北京:中央编译出版社,2007:343.

[114] 李银河.妇女:最漫长的革命——当代西方女权主义理论精选[M].北京:三联书店出版社,1997:96.

[115] 李银河.妇女:最漫长的革命——当代西方女权主义理论精选[M].北京:三联书店出版社,1997:80.

[116] 马克思恩格斯选集(第1卷)[M].北京:人民出版社,1995:272.

[117] (美)麦克拉肯等.女性主义理论读本[M].桂林:广西师范大学出版社,2007:35.

[118] 李银河.妇女:最漫长的革命——当代西方女权主义理论精选[M].北京:三联书店出版社,1997:80.

[119] 艾晓明译.女性主义思潮导论[M].武汉:华中师范大学出版社,2002:175.

［120］秦美珠.女性主义马克思主义:思想历程、理论特征及其意义
［J］.当代国外马克思主义理论,2008,12:153.

［121］Jagger et alleds. Feminist Framework. MeGraw – Hill. Inc,1984:384.

［122］艾晓明译.女性主义思潮导论［M］.武汉:华中师范大学出版社,
2002:182.

［123］Jagger et alleds. Feminist Framework. MeGraw – Hill. Inc,1984:387.

第五章 马克思主义女性主义的理论意义与局限

马克思主义女性主义与女权主义同马克思恩格斯的理论联系密切。经济分析方式是马克思主义的重要理论方法,马克思主义女性主义用这个方法理解和探讨女性受压迫问题,同时在女性的解放问题上加入了女性的独特视角,填补了马克思主义在女性问题上的空白。不仅如此,马克思主义女性主义作为西方女性主义的流派之一,在继承和批判其他女性主义流派思想的基础上运用历史唯物主义的方法,阐释女性受压迫的社会、阶级、历史根源,探讨如何解放女性等问题,在马克思主义发展史和女性主义发展史上具有特别的理论表现和特质,具有积极的理论贡献。

一、马克思主义女性主义加深了对马克思主义理论的理解

马克思主义女性主义坚持马克思的历史唯物主义观点,采取辩证的方法,在马克思主义理论体系架构内对资本主义进行了批判,同时指明了女性受压迫的根源和女性解放的道路。并在此基础上丰富和发展了马克思主义女性主义的内容,也加深了对马克思主义理论的理解和认识。

(一)理论内容上,补充和发展了马克思主义理论

首先我们来具体梳理马克思主义女性主义对马克思主义理论重视的表现。马克思主义女性主义的观点和方法是马克思主义的。马克思主义认为物质决定意识,意识对物质具有反作用,而当物质和意识原理作用于社会领域就表现为经济基础和上层建筑的关系。经济基础在社会发展中具有决定作用。马克思主义女性主义完全继承了马克思主义的这一唯物论的分析方法,高度重视经济因素在社会发展中的重要作用,从经济角度出发分析女性

第五章　马克思主义女性主义的理论意义与局限

受压迫的原因和女性解放道路。代表人物是美国马克思主义女性主义学者莉丝·沃格尔,沃格尔严格遵守马克思主义的理论体系,她的每一个理论范畴都是在马克思主义理论范畴内提出来的,沃格尔研究女性受压迫问题和马克思主义的方法相似,都是在社会再生产和生产力再生产的语境内进行,分析在资本主义社会中女性受压迫的特殊性。例如:马克思对劳动力是这样定义的:"我们把劳动力或劳动能力,理解为人的身体即活的人体中存在的、每当人生产某种使用价值时就运用的体力和智力的总和。"[124]沃格尔在马克思劳动力概念的基础上,提出劳动力的含义,认为:"劳动力是人类拥有的潜在能力,当劳动力在劳动过程中被使用——消费时,潜在能力才能实现。一旦进入劳动过程,劳动力的拥有者就提供劳动。"她认为劳动力必须与其拥有者的身体存在和社会存在区分开来。沃格尔是这样阐释劳动力再生产过程的:"劳动过程并不是独立存在的,它们存在于特定的生产方式之中。而每一个社会生产过程,同时也就是再生产过程。社会再生产需要生产条件的再生产。"[125]莉丝·沃格尔用马克思的文字说明自己的理论:在封建社会,"徭役劳动者的产品,必须在补偿他的生活资料之外,足够补偿他的各种劳动条件"。[126]第二,马克思主义女性主义者对马克思主义理论补充的表现。第一个表现是对马克思主义理论的意识形态领域的内容补充。米切尔是其中的典型代表。米切尔在她的二元论中提出,父权制作为一种意识形态与资本主义相互补充,通过宣扬女性母亲的天职来促进妇女受压迫的思想,加深了对妇女的压迫。因此女性的解放必须同时推翻资本主义制度和父权制相结合。米切尔从精神分析角度对马克思主义理论进行了有益的补充。第二个表现是,马克思主义女性主义理论突出了性别属性,强化了女性的主体地位。艾里斯·扬认为传统马克思主义把阶级作为分析的主要范畴,这是正确的,但是这一范畴是性别盲,无助于分析女性受到的特殊压迫,因为这个概念不能为分析性别和性别等级提供机会,因此,她提出可以通过分工范畴提高到与阶级范畴同样重要的地位而仍然留在唯物主义构建内,这个范畴能够在性别范围内为我们提供分析劳动活动的社会关系的手段。于是艾里斯·扬将"劳动的性别分工"作为自己的理论核心概念。

马克思主义女性主义者认为经济和阶级因素固然是女性受压迫的主要

因素,但是完全忽略心理、生理、意识形态等其他因素,是不完整的,无法充分和全面地找到妇女受压迫的深层次原因。因此,马克思主义女性主义运用女性特有的视角,揭示社会生活环境、意识形态等方面对女性压迫的作用,这是一个经典的马克思主义者在对妇女受压迫的根源分析上缺少的内容。按照前面章节的分析,我们知道朱丽叶·米切尔用"四结构理论"来解释女性在资本主义社会所遭受的压迫,她认为是资本主义制度和父权制交互作用的结果。她用马克思主义的经济分析法研究生产占主导地位的生产领域中妇女地位遭受压迫的资本主义模式,但也强调在家庭领域中女性遭受的父权制的压迫。莉丝·沃格尔从平等权利的角度来分析妇女在资本主义社会中遭受的压迫。她提出:"工业资本主义开始两百年后,明显的公民不平等和政治不平等现象大部分都消失了。然而,资产阶级社会依然渴望平等,而且许多运动使这种平等的渴望在现实中继续存在。今天,人民之间更加细微的差异需要加以平等化。"[127]海迪·哈特曼分析了"性别分工"与资本主义和父权制的关系,提出:"按性别分工是资本主义社会的基本机制,它维护男人对妇女的优势。"[128]不仅如此,"性别分工和男性的支配地位这样长久地存在至今,是很难根除的。而如果男性支配地位还存在,要想消灭性别分工也是不可能的。这两者是如此紧密地交织在一起,以致为了结束男性的支配地位,就必须消灭性别分工本身。"[129]艾里斯·扬认为,性别分工是女性受压迫的根源,并将"性别分工"作为自己理论的核心内容,替代了马克思的"阶级"概念,提出:"分工作为在分析水平上比阶级范畴更具体、范围更大的范畴,成了分析参与劳动活动并从这种活动中产生出来的社会关系所必不可少的因素。"[130]无论是米切尔的"四结构理论"、沃格尔的平等权利,还是艾里斯·扬的性别分工,也不管她们是坚持"二元"理论还是"一元"理论,都是在理论层面上对马克思主义理论内容的丰富。实事求是地讲,马克思和马克思主义所处的时代,妇女受压迫的问题还远远没有阶级压迫表现得那么突出,按照物质决定意识的原理,这些问题不可能成为意识形态进入马克思的研究视野,因此,时代的发展诞生的马克思主义女性主义毫无疑问地进一步拓展了马克思主义理论的研究视野,丰富了马克思主义理论内容。

(二)理论基础上,拓展和改造了传统女性主义思想

自由主义女性主义是女性主义流派中最古老的一个。自由主义女性主义者们认为,由于女性和男性都是人类理性的主体,就应该拥有作为人的相同权利。从自由主义女性主义的角度来看,在公共领域,妇女没有与男性平等的权利和平等竞争的机会,这是妇女在资本主义社会受压迫的根源。因此,对于性别平等特别是在政治和法律方面的平等已成为妇女解放的终极目标,这也是自由主义女性主义一直追求的为之斗争的目标。对此,马克思主义女性主义支持自由主义女性主义在女性为了政治上的权利和法律面前的公平正义而进行的斗争,肯定了她们发挥的巨大作用,但是也尖锐提出自由女性主义的理论弱点:即使有男性和女性之间没有区别的情况下无视女性之间的生理特性差别,过分强调性别平等。这种观点没有改变妇女受压迫的性别、阶级和等级条件。对男女理性主体地位的片面强调,忽视了感性经验的重要作用,导致在社会再生产中完全泯灭了感性经验的意义。马克思主义女性主义对激进女性主义的批判改造主要表现在其父权制理论上。激进的女性主义作为女性主义的另一个重要派别,强调父权制是由于男女的生理差别造成的,她们又提出父权制是女性受压迫的原因,因此可以推导出:女性受压迫和地位低下的根源来自生理差别。可是无论如何也不能证明女性的生理特征是低于男性的。资本主义是里的女性并不是作为一个阶级而存在的,她们只是一个集团、一个整体。女性为了谋取自身合理权益,摆脱资本主义社会父权制的统治和压迫必行突破阶级的局限,建立以种族为基础的同性相恋集体。马克思主义女性主义肯定了激进女性主义对父权制的攻击,认为这种理论是对资本主义男性中心论的有利打击,对于建立女性主义的世界观和价值观具有积极意义,但是,激进女性主义的理论中具有偏激的一面,她们极端地强调女性中心主义,完全排斥和否定男性在社会中的积极作用,致使自己的理论从一个极端走向了另一个极端,这样的结果是男人和女人都不会被视为是人类的统一体,让"女性优于男性"的看法会在影响冲击资本主义父权制的同时会形成女性中心论。而且激进主义的理论将男性作为女性的对立面,完全对立起来,提出女性的解放就是和男性断绝一切联系,主张同性相恋,这个论点对于大多数女性来说是接受不了的,而

且会因为得不到社会认同而失去影响力和说服力。不仅如此,马克思主义女性主义还认为激进女性主义提出的父权制是由于所谓的生理差别产生的观点也是站不住脚的。认为这个观点是否定了唯物史观,按照哈特曼的话说这是历史盲,与历史事实不相符合。因为生理差异不是到了资本主义社会才突然出现,在资本主义以前的社会就已经存在,但是女性并没有出现在资本主义社会受压迫的现象。激进女性主义者对这个问题无言以对。

马克思主义女性主义运用马克思主义的历史唯物主义的方法,加入女性主义的性别分工理论,在批判地继承其他女性主义的理论精华的基础上,创立了她们独有的妇女解放理论体系。虽然马克思主义女性主义内部也存在着各种理论之间的分歧,提出父权制、意识形态等因素对女性压迫的作用,但从宏观上说,马克思主义女性主义者们一直认为资本主义社会中妇女遭受压迫仍然是经济原因造成的,是资本主义私人占有制的结果。她们提出,私人占有制按照马克思的说法是经济发展到一定阶段的产物,这就回答了激进女性主义无法解答的生理差异的问题,也突破了单纯从生理差异性来谈论和分析女性受压迫的原因的狭隘性。按照经济因素的观点,马克思主义女性主义学者提出了女性在阶级社会中必须突破家务劳动的樊篱进入社会生产领域从事生产活动,获得独立的经济来源和社会地位,才能实现自身的真正解放。在这里,家务劳动是最大的障碍,于是以玛格丽特·本斯顿为代表的马克思主义女性主义者提出了家务劳动社会化。科斯塔和詹姆斯提出了家务劳动计酬制的主张,贾格尔提出让女性接近更有声望、更具光彩的职业,接触监督和行政管理职能。在公共产业领域内部赢得没有单独的"女性工作"。还有学者提出,女性如果在没有脱离家务劳动的情况下盲目走向社会生产领域从事工作,会适得其反使女性遭受来自两个领域的压迫:必须承担家务——父权制的压迫,又要从事社会生产——资本主义的压迫。那么女性的境况就会变得更糟糕而不是更好。总之,马克思主义女性主义者们认为在资本主义社会,男性为了稳固自身在家庭中的地位,充分利用了资本主义的意识形态将女性牢牢限制在家庭中,父权制体现得淋漓尽致,资本主义的社会制度要求生产力的快速发展需要大量的女性劳动力加入其中实现资本利润的最大化,同时,女性在社会再生产中负责再生产劳动力的重要任务。在私人领域和公共领域里父权制和资本主义交相呼应,女性受到双重的挤压。正像米切尔所说的,从意识形态层面讲,父权制和资本主义虽然是两个不同时期出现的,但是他们在各自的领域发挥作用。因此,女性的解放既要推翻资本主义制度,而又要推翻父权制。艾里斯·扬更直接地指出资本主义和父权制二者根本就是一体的,资本主义制度消失了,父权制也自动消失,女性也就获得了真正的解放。

(三)理论深度上,加深和批判了当代资本主义制度

随着资本主义经济的发展,时代的变迁,留给哲学家们的课题也在不断变化。对于女性主义也同样面临不断变化的客观世界。虽然马克思主义女性主义对资本主义的批判始终没有离开经典马克思主义的批判视线,但是随着客观世界的变化她们也提出了新的批判视角和批判内容。可以说,马克思主义女性主义者从妇女受压迫的问题出发,对当代资本主义的批判较之马克思主义是深刻的,进一步加深了当代资本主义的马克思主义批判的方式。例如,达拉·科斯特和詹姆斯将家务劳动作为社会生产性劳动的一部分,认为家务劳动不能被视为没有价值,因为女性的劳动不仅生产价值,同时也创造剩余价值,但是这部分剩余价值被她的丈夫作为统治阶级无偿占有。一方面,这其实是有益地补充了马克思的"剩余价值理论",而另一方面,又是对资本主义批判的深化,填补了经典马克思主义的批判领域的空白。比如莉斯·沃格尔的观点,她认为妇女地位,是资本主义制度下由于男性统治女性的制度化形成的,这使得女性遭受特别的压迫,既有资本主义制度的压迫,同时也受到父权制下男性的压迫。莉斯·沃格尔的观点是对马克思"异化"理论的扩展,是将马克思人的异化扩展到人类的"性别异化",这样一来,"异化"的理论价值就突破了原有局限而变得更加全面和系统。马克思主义女性主义还从意识形态的层面加深对资本主义的批判。艾里斯·扬就是通过意识形态的角度揭示资本主义对女性的压迫的,她指出在资本主义社会的意识形态中,妇女的职责是做母亲,女人根本无法从事社会劳动,只适合养育儿童,做家务劳动,所以女性作为次级劳动力限制在家庭之内。

新时代衍生新问题,新问题形成了新理论。马克思主义女性主义理论

印证了这一逻辑,她们对妇女受压迫问题和解放道路的探讨是有针对性的,它是由新的时代——资本主义的新形式诱发而生的。可以说,马克思主义女性主义具有独特的研究方法,其研究问题的切入点和落脚点也独具匠心。但总体来说,马克思主义女性主义者们进行的所谓批判并没有脱离资本主义制度本身。不管是对马克思主义理论的继承,还是对马克思主义理论的修改甚至歪曲,马克思主义女性主义都是更加具体展现了马克思主义理论的丰富内容,展现了对女性问题的关注和关怀以及对女性未来的发展方向的展望,强调了马克思主义理论中的概念的重要和持久的方面,有助于消除那种认为马克思主义理论已经过时的说法,为马克思主义理论注入了生机。总之,马克思主义女性主义对马克思主义的理论发展是很有益的,这一点是毫无疑问的,其批判性成果对后来的学者收益颇多。

二、马克思主义女性主义拓展了女性主义理论的研究视野

马克思主义女性主义要实现的目标是:从女性主义的视角提出关于女性的问题,在马克思主义的框架内做出马克思主义的答案。几乎所有的马克思主义女性主义的著作里,都有一个共同的现象:马克思主义理论既是她们的思想源泉,又是遭受批评的对象。但是,这并不影响她们对女性主义的研究,在关于女性问题的研究方法、学术方向、课题内容等方面,她们的成绩斐然。

(一)研究方法上对女性主义理论的创新

马克思主义女性主义者的研究方法基本是马克思主义的,但是她们对马克思主义的世界观和方法论并不是全盘吸纳,而是辩证的舍取。一方面马克思主义女性主义接纳了马克思主义的辩证唯物主义和历史唯物主义的方法,运用这个方法对女性受压迫问题和女性解放道路进行分析并提出了符合马克思主义框架的答案。另一方面,按照马克思主义的批判原则,马克思主义女性主义对经典马克思主义理论抱有冷静态度,在深入分析反思的基础上,对马克思主义的妇女观进行了批判,认为马克思主义妇女观对妇女解放虽然具有一定积极意义,但是理论本身也具有局限性,在对女性问题的分析上,仅仅局限在家庭和私有制这两个因素,突出强调阶级范畴和使用阶

级分析的方法,尤其是在女性获得自由和解放的问题上仅仅构想出一个理想的社会制度,对于具体的解放步骤和行动方法缺乏缜密的说明,实在是太简单化了。鉴于此,马克思主义女性主义者们纷纷提出了自己的"异化理论""四大结构理论""性别分工理论"。比如:米切尔提出:"只有改变紧密结合在一起的四大结构:生产、生育、性和儿童社会化,女性才能真正获得解放,如果改变其中一个结构,则会被另一个结构的加强抵消掉,结构只是改变了剥削的形式。"[131]海迪·哈特曼在《资本主义、父权制和性别分工》中提出,性别分工是人类历史上最普遍存在的现象。资本主义社会中这种普遍现象是这样表现的,性别分工被表现为等级制——男性处于上层等级,女性处于最底层等级。可是这种等级制与人类学和历史学并不一致,性别分工并不总是等级制的,性别分工的发展和重要性被列为讨论的主题。在关于异化的理论上,南希·哈特索克提出,异化劳动作为现代社会主要的压迫形式之一,女性主义者应该建立一种新的劳动概念,即:"女权主义者重建劳动的过程中必须避免千篇一律的、几乎没有什么创造性的工作。这种工作把人分散在各个组成部分中,让他们从事重复性的、缺乏技术的劳作。"[132]马克思主义女性主义者的这些理论观点在一定程度上克服了传统马克思主义理论的不足,有力分析了女性性别文化的形成背景和发展方向,她们运用各自的理论武器对资本主义制度和父权制进行的猛烈批判在一定程度上打击了资本主义制度,为女性获得自由和解放提供了坚实理论保障。

（二）研究方向上对女性主义理论的突破

马克思主义女性主义对女性观点进行了深入细致的考察,综合了经典马克思主义和以往女性主义的思想理论,认为马克思主义对女性的分析重点在经济因素和阶级因素的考察上,其他女性主义对女性的分析重点在意识形态、性别等因素上,这两种做法都是不完整的,都无法全面理解女性多维压迫的状况,也不能用这种理论指导和解决当代女性的遭遇。马克思主义女性主义从当代资本主义社会的实际出发,在深刻反思社会现实的基础上对现实的妇女问题提出了自己的看法,取得了女性主义理论的突破性的成就。她们仍然关注于妇女受压迫的经济根源,对此进行了细致分析,承认女性对男性的经济依赖是女性社会地位低下的症结所在,但是她们的分析

并没有就此停止,在肯定经济因素、阶级压迫的同时,她们还从政治、文化和意识形态方面查找妇女遭受压迫的原因,在这条研究方向上,马克思主义女性主义丰富和发展了马克思主义理论,也使得女性主义理论实现了突破性的进展。

例如:朱丽叶·米切尔的"社会结构总和"理论的提出就是突破之一。如前所述,朱丽叶·米切尔认为生育、生产、性关系和养育孩子是一个完整的社会结构,这四者交互作用,密不可分,是女性遭受压迫的四大因素。其中生育、性关系和养育孩子三个因素是父权家庭意识形态在发挥作用,生产是资本主义制度下所产生的作用,是资本主义社会生产的压迫。贾格尔提出异化是对传统的马克思主义理论的异化的延长的概念,贾格尔通过分析异化理论,介绍了当前妇女受压迫的形势,提出了女性要实现自由首先要从生殖自由的实现开始,提出女性主义要完全颠覆现有理论体系重新构建女性主义的立场论,即以女性主义为主体,从女性主义出发来思考和解决问题。贾格尔提出,女性生育自由是女性的基本自由权利,这是消灭性别差异的第一步,对于女性意义重大,女性要在此基础上运用科学的手段实现政治和法律上的自由,从而实现女性的真正解放。此外,盖尔·鲁宾提出了创建性别社会学的观点,她主张女性主义要充分运用弗洛伊德的精神分析方法和施特劳斯的人类学理论,将二者有机结合创立性别社会学。总之,马克思主义女性主义者们都在积极挖掘有利于女性生存发展的理论体系,这些女性主义者的理论都为妇女问题的研究方向提供了多角度,在理论上具有突破性的进展。

（三）研究目标上提出女性解放的路径

女性解放的路径问题一直是女性主义研究的目标。女性主义无论从什么基点出发,采取什么样的核心概念,选择什么样的论证方法,最根本的目的都是使女性摆脱资本主义制度和父权制的压迫和剥削,实现真正的自由平等和彻底的解放。随着时代的发展,马克思主义女性主义面对新的问题,提出了新的理论。贾格尔提出女性获得解放必须建立妇女组织,这是对女性获得解放提出了政治上的要求。她提出,女性组织必须是独立的,但是又是存在于其他团体之中,她反对工会。她还提出了工作女性的组织概念,认为工作女性的组织并不仅仅集中于有关之前就已全力进行的男性工会运动问题；她们还关注针对女性的特殊利益问题。这些问题包括穿着规范和老板的期望，女性将这些称为"个人化服务"，如完成使命或冲泡咖啡等。当然，性骚扰，也是被关注的最重要的问题之一。自从女性被雇佣到有偿工作中之后，性骚扰就已经成为女性不得不面对的一个重要问题。莉丝·沃格尔是从女性问题谈到女性解放的，她没有在所谓女性问题和社会问题间不确定地游移，而是集中于特定社会中那些造成女性状况的社会现象，以及可能改变那些状况的条件。因此，女性受压迫和女性解放密切相关。除此以外，马克思主义女性主义者们还提出了一些很有见地的实践命题，例如，主张实现生育自由，控制劳动力再生产等政治权利；主张保护妇女的就业和作为消费者和女职工的基本经济权益；主张摆脱传统观念的束缚，杜绝父权制思想的影响的文化权利。在资本主义法律改革和妇女解放问题上，她们认为这些改革对女性来讲是有益的，但从总体上来说作用不大，并没有根本使女性改变现状，女性要想获得彻底的解放就必须拿起革命的武器进行无产阶级斗争。上述观点提出了符合时代要求的女性解放的新路径。

三、马克思主义女性主义为女性主义理论发展提供了现代性批判的新思路

马克思主义女性主义从生产方式和再生产劳动力关系、政治经济制度和性别、生产的生殖方式、生产物质产品和情感生产的二元论开始她们的概念框架，将资本主义和父权制放置在上述两个不同的领域，将马克思主义的阶级分析与女性主义的性别分析有机结合。马克思主义女性主义强调男权社会对女性问题研究的普遍重要意义，需要对男权社会进行批判，发展社会公共服务事业，开展女性与国家关系的理论研究以及在意识形态领域主张重设家庭与社会的界限等，都为女性主义的现代性批判提供了新思路。

（一）社会公共服务事业的发展要求

马克思主义女性主义者认为家务劳动是必要劳动的组成部分，在资本主义社会生产领域之外实现。要进行劳动力的再生产，就需要必要劳动的家庭部分和社会部分。也就是说工资可以允许工人去购买商品，但是通常

在他们被消费之前,必须进行额外的劳动——家务劳动。在资本主义社会剩余劳动和必要劳动之间的关系有两个方面。一方面,通过资本主义劳动过程中工资的支付剩余劳动和必要劳动的社会部分之间的区分很是模糊。另一方面,必要劳动的家庭部分,与实现剩余劳动的舞台——雇佣劳动分离开来。在资本主义社会,必要劳动家庭部分的负担基本落在女性身上,而且从事雇佣劳动提供商品则大部分是男性的责任。男女在剩余劳动和必要劳动两个组成部分中不同的定位,通常伴随着男性统治制度,作为一种历史遗产,这种制度起源于早期阶级社会中不公正的分工。马克思主义女性主义者提出应该充分发展社会公共服务事业,这是女性从家务劳动中解放出来的需要。她们强调女性在家务劳动、照顾孩子以及社会再生产活动中的重要作用,社会公共服务体系应该尊重女性的家务劳动。女性在社会生产和社会再生产中都发挥着重要作用,因此,女性的工作任务和价值并不比男性少。因此,应该从国家层面制定相应的社会政策来补偿女性的双重劳动。马克思主义女性主义者们提出,男性仅仅从事社会生产性劳动,他们得到了和他们劳动相应的报酬,也得到了社会地位和社会认可,而女性却完全不同,她们不但要从事社会生产性劳动,还要负责家务劳动而且双重的劳动却没有得到任何尊重反而是更加深重的压迫。这对女性来说是何等的不公。因此,应该从社会再生产的角度重新评估妇女的作用,国家应该给予劳动妇女生殖政策的支持。

(二)构建女性与国家之间的关系

马克思主义女性主义理论为女性问题和女性的解放开辟了新思路。在社会主义社会,女性问题是具有国家的制度特点的。女性的就业和工资的水平具有国家政策层面的指导。不仅如此,国家还从政治角度将女性分层次组织起来,采取各种政策,提高女性的经济收入,让女性也成为家庭经济收入的重要力量。在当今的社会主义社会,政府已经做了很多工作,在保护女性的利益方面成绩显著。但是,从总体上看,女性仍然是社会的弱势群体,她们作为特殊的利益团体,政治诉求始终没有得到根本的保证。因此,怎样从国家层面构建女性的利益群体,促进女性社会政治、经济参与度,维护女性权益是时代的课题。诸如此类问题,马克思主义女性主义理论为我们提供了参考意见。她们在自己的理论体系中提出了政治经济类型的思想,其重要性是显著的。她们立足于马克思、恩格斯的观点,继承了他们的女性的地位,和私有制有着密切关系的论点,提出"女性对男性的依赖是在私有制出现之后才出现的,而家庭作为女性活动的主要场所严重影响了女性角色的社会化,于是家务劳动、生育等成为私人领域,与社会公共领域完全阻隔,在这种家庭私人领域内,根本没有监督体系,运转完全依靠家庭成员的道德维持,而一旦道德缺失,家庭暴力等对女性的不利情况就发生了。"因此,马克思主义女性主义者提出要建立公共领域和私人领域的关联关系,将市场、国家和家庭连接到一起,进入相关的公共领域讨论,并加入对生产和生活方式的特征的考察,为女性的生产生活提供社会政治经济保障。在这个意义上,马克思主义女性主义理论,为社会性别研究开辟广阔的空间,将性别研究不仅局限在狭隘的妇女权益保护上,而是扩大到妇女在国家机构和政治力量中的地位研究,应该说,这是一个新的思路。

（三）重设家庭与社会的界限

马克思主义女性主义者遵循恩格斯在《家庭、私有制和国家的起源》中的核心理论,高度重视妇女在公共劳动领域中的作用,但是她们也并没有放弃女性在家务劳动和养育子女方面的社会化功能。她们一直有这样一个设想,那就是摧毁资本主义社会制度中作为经济单位的最小细胞——家庭。马克思主义女性主义者重点关注的是妇女的经济福利和独立地位,妇女作为工人的工作体验以及她们在家庭中的位置。马克思主义女性主义主张公民权利,提出政府应该在这里扮演重要角色。政府要出台政策,在全社会形成平等理念的家庭社会氛围、普及平等观念。她们坚决反对男尊女卑的观念,提出重设家庭与社会的界限。卡普兰提出:"强调公共组织对家庭干预的必要性。因此,当自由主义者批评福利国家是社会控制的一种工具时,女性主义者则认为社会政策的制定不应该屈服于市场的力量,社会政策不应该屈服于经济政策。"[133]马克思主义女性主义者反对福利服务的市场化,认为这样会让人们忽视家庭福利和自我保护,对促进妇女的社会权利没有积极作用。因此,问题的关键要提高妇女地位,这应该是国家家庭政策关注的中心。但目前社会中对非劳动团体如家庭主妇的关注很少,这反映了在家

庭服务领域缺乏公共服务系统的支持。在这里,女权主义理论为保护妇女的权利,制定相应的政策提供了新思路。

四、马克思主义女性主义的理论局限

马克思主义女性主义思想的理论价值是有目共睹的,它在女性运动中的积极作用也是应该肯定的,但这一理论也存在着其内在的局限性,具体表现在以下四个方面。

(一)马克思主义女性主义理论在一定程度上偏离了经典马克思主义

如前所述,从总体而言,马克思主义女性主义将马克思主义的理论和方法作为自己思想理论的母体来探讨女性解放的问题的,但她们在一些观点上有的是借用马克思主义理论的专业词汇来装点自己的女性主义理论,有的是偏离马克思主义理论轨道的迹象,有的是与马克思主义的理论角度相左的,有的是与马克思主义理论的研究路线和方向相反,更有甚者是对马克思主义理论尤其是马克思主义女性观提出公开的挑战。应当承认,学术是开放的,马克思主义理论也不是一成不变的,我们并不是反对对马克思主义理论的科学评价,批评的声音也不是不能存在,但是马克思主义女性主义者们的理论观点往往表现出的是对历史、阶级和现实的超越,而这种脱离历史和现实的女性主义理论就会出现历史虚无主义,将女性问题变成了抽象的理论。例如,米切尔十分注重父权制,认为父权制是最普遍的也是最为有效的意识形态,这种意识形态不受历史发展的限制,在任何社会形态中都具有相同的结构,都同样影响女性的行为。米切尔的这种观点完全无视马克思主义的唯物史观,是历史虚无主义的具体表现。艾里斯·扬用"性别分工"作为自己理论的核心范畴,试图消解马克思主义的阶级概念,这种理论方法无视阶级的客观存在,偏离马克思主义的基本理论,因而不能解释不同阶层女性的受压迫的原因。

马克思主义女性主义对历史唯物主义方法的否定:第一,简单化。即历史唯物主义"将多种压迫体制归纳简化成了阶级剥削这一种,从而忽略(或是极度轻视)了性别歧视、种族歧视和厌恶同性恋等问题"。不过,历史唯物

主义并未简单化地论述生产关系构成压迫的问题。第二,普适化。"这一反对意见始于对现代性的批判,理由是现代性的真理、理性和正义这样一些观念太具普适性、太无判断力,以致分辨不清人们之间所存在着的许多差异"。第三,没有考虑女性劳动问题。由于未考虑生产关系问题,所以在阐述女性地位的实现上完全忽略性别问题的马克思主义更为力不从心。主要表现在:马克思主义女性主义者的家庭概念太过简单化。马克思主义女性主义者特别关注妇女劳动的性质与功能,并认为女性的劳动性质和功能是理解妇女受压迫的唯一突破口,女性要获得解放也必须从此出发。琼·贝思克·埃尔西坦对此提出了批评。她在《公共的男人,私下的女人》一书中提出:"家庭并非仅仅是和最终是一个弗兰肯斯坦式的创造——由资本主义制度建构出来、以牺牲女人为代价来进行劳动力的再生产。相反,家庭是人类尚能得到一些爱、安全和舒适的唯一处所,人类可以基于别的、而不是金钱要素来做决定的唯一地方。"[134]

（二）马克思主义女性主义理论在一定程度上将马克思主义女性化

马克思主义女性主义探讨的妇女受压迫和女性解放问题并没有普遍的实用性,对实践的指导意义不大。后现代女性主义批评马克思主义女性主义理论,说她们是从发达资本主义国家实情出发,以那里的妇女运动为例证,看到、分析和反映的只能是发达国家的女性愿望,而且这些女性多是白种人,根本不具有代表性。因此,马克思主义女性主义者在研究过程中就忽视和掩盖了男性和女性以及女性和女性之间的种族民族的不同需求、层次差距,同时,即使是关注白种人女性也只是关注占统治地位的白种人,那些低阶层的白种人女性的需求呢？马克思主义女性主义者不满意后来的马克思主义者们的观点,认为马克思主义存在着社会性别盲点。一些马克思主义者认为妇女的受压迫并没有工人的受压迫严重。女性在资本主义社会中的遭遇若是和无产阶级相比根本算不了什么,并且认为女性遭到的压迫在男人那里是根本不值得一提的。所以,妇女解放的问题可以搁置,她们必须等待男性无产阶级的解放的到来。尽管一些马克思主义女性主义者也选择了等待,但是有人发声了。克拉拉·蔡特金是典型的一例。蔡特金鼓励妇女讨论性的问题。正像克拉拉·蔡特金一样,多数的马克思主义女性主义者不再沉默,她们从自己的理论出发凸显女性的主体地位、主题诉求。海蒂·哈特曼就指出,马克思主义分析范畴"对于为什么特定的人群派往特定场所并未提供任何线索,也没有解释为什么家庭内外都是女人屈从于男人、而为什么不是男人屈从于女人。马克思主义的概念范畴,就像资本本身,都是没有社会性别视角的。马克思主义的范畴并不能告诉我们,前来填充空白位置的将是什么人。"[135] 但是,马克思主义女性主义由于局限在女性主义的视野内,看到的是女性在资本主义社会中的悲惨遭遇,对女性表现出了高度关注,无限同情,深切关怀,这当然是具有积极意义的,可是她们将这种对女性的情感完全融入自己的理论体系中,并灌注于马克思主义的名下,将男性从马克思主义理论体系中剔除掉,就出现了将马克思主义理论女性化的倾向。我们知道马克思主义理论一直强调人的全面自由发展,这里的人是"类"意义上的人,而不是单单指代男人或者女人,更不是指代哪个人,而是指的是所有人。因为男人和女人都是类存在的具体化。马克思主义女性主义这种性变化的倾向势必缩小自己的理论范畴,使女性孤立起来,其理论影响力也相应地贬值,这不仅不利于女性问题的解决,更不利于人的解放事业。

(三)马克思主义女性主义在一定程度上掩盖了全人类的解放事业

　　为了克服传统马克思主义女性主义思想的局限,一些马克思主义女性主义者力图揭示资本主义与父权制之际的交互作用,这种作用下女性遭受了比男性更多的苦难。她们虽然强调妇女解放必须推翻资本主义制度,但是,父权制才是她们强调的核心,主张只有消灭父权制,才能消灭资本主义社会制度。改变人们的意识形态是首位的,意识形态改变了,生产关系才能随之改变。她们主张女性要积极投身到意识形态和消灭父权制这两场斗争中来,只有这样女性的力量才能发挥出来,才能争取到真正的解放。马克思主义女性主义强调女性摆脱压迫获得解放,但在某种程度上,马克思主义女性主义遮蔽和掩盖了女性解放与人的解放的关系,在对女性解放的探讨上忽视了女人作为类存在的方面,因此马克思主义女性主义理论很难上升到

第五章 马克思主义女性主义的理论意义与局限

人类解放的高度。前面我们对马克思主义女性主义对女性主体地位的凸显高度肯定,她们在女性受压迫状况的剖析和解放事业的思路方面也提出了建设性意见,但是将女性解放与男性的解放和全人类的解放相脱离这是错误的,这种一味主张妇女解放而忽略全人类的解放的思想势必无视女性作为一个阶级属于不同社会阶层,而被压迫阶级的男性压迫问题也被淹没掉了。马克思主义所倡导的女性解放是站在全人类的解放的基础上完成的,女性解放和人类解放是一个整体问题,将其割裂开来是错误的。马克思主义提出,只有全体人类都团结起来,其中,包括一切被压迫的妇女参加到对资本主义的革命中来。因此,马克思主义女性主义的解放理论具有显著的局限性。马克思主义女性主义者对女性的解放的关注,无视被压迫的男性的境遇,不能实现全人类解放的伟大目标。因而,在这种情况下马克思主义女性主义者谈论的解放是抽象的、不能实现的空中楼阁。

综上所述,马克思主义女性主义在思想理论上是建立在马克思主义的基础上的,它对马克思主义理论的丰富和发展具有积极作用,对资本主义的批判具有时代意义,在关于女性遭遇、处境、解放等问题上的深入探讨,提出了很多独具匠心的理论思想,为当时各国的女性解放运动提供了有价值的参考意见,是女性主义理论发展史中浓墨重彩的一笔。当然,不可否认的是马克思主义女性主义也存在着内在的局限性,但是客观公平地说,马克思主义女性主义探索妇女解放事业的不屈不挠的精神是值得肯定和弘扬的。

注释:

[124] 马克思恩格斯全集(第23卷)[M].北京:人民出版社,1972:190.

[125] 莉丝·沃格尔.马克思主义与女性主义受压迫:趋向统一的理论[M].北京:高等教育出版社,2009:138.

[126] 马克思恩格斯全集(第23卷)[M].北京:人民出版社,1972:621.

[127] 马克思恩格斯全集(第23卷)[M].北京:人民出版社,1972:165.

[128] 李银河.妇女:最漫长的革命——当代西方女权主义理论精选[M].北京:知三联书店,1997:51.

［129］李银河.妇女:最漫长的革命——当代西方女权主义理论精选
［M］.北京:知三联书店,1997:74.

［130］李银河.妇女:最漫长的革命——当代西方女权主义理论精选
［M］.北京:知三联书店,1997:83.

［131］李银河.妇女:最漫长的革命——当代西方女权主义理论精选
［M］.北京,中国妇女出版社,2007:23.

［132］(美)约瑟芬·多诺万:女权主义的知识分子传统［M］.南京:江
苏人民出版社,2003:123.

［133］Kaplan, Gisela. Contemporary Western European Feminism［M］.
London:UCL Press,1992:53.

［134］Jean Bethke Elshtain. Public Man, Private Woman［M］. newyork:
Princeton University Press,1981:254.

［135］海蒂·哈特曼.马克思主义和女性主义不幸的结合:迈向更进步
的联合［M］. Boston:South End Press,198:41.

第六章 马克思主义女性主义现实意义与局限

关于女性受压迫的问题,马克思主义女性主义者的分析不拘泥于单一的经济、阶级等概念,她们对当代女性问题及女性解放道路的分析路径更加广泛,从社会、家庭、性别到制度等方面加深了对当代女性实际问题的解决。马克思主义女性主义对女性认识自我、抛弃异化的宝贵探索,为解决当代女性的问题提供了很多灵感,具有强有力的指导作用。

一、马克思主义女性主义对当代中国女性发展的现实价值

马克思主义女性主义者关心的一个核心问题是对社会分工和妇女社会地位的研究,并把这一研究放到广阔的社会结构和功能分析的框架中进行,这些研究涵盖了社会生活的各个方面。她们比较了多个国家妇女在劳动力市场参与率,认为妇女的高市场参与程度与妇女较高的经济地位有关。她们的关注点涉及人们的社会生活的层面,提出从家庭生活的视角来研究公共生活和私人生活之间的关系。马克思主义女性主义的研究也涉及妇女权益为核心的一系列的社会问题,其中包括家庭暴力、青少年行为控制、离婚的家庭规范行为和艾滋病防治等。在这些方面,女性主义活动家做了大量工作争取了很多社会工作和性别平等的社会生活,打击家庭暴力、强奸和性骚扰。女性主义者也主张国家制定社会政策,特别是通过制定有利于女性权益的家庭政策来保障妇女权益。强调国家社会政策的发展要考虑到妇女、儿童和老人的利益,从上层建筑方面保障女性权益。理论者们开辟了广泛的研究领域,提出了一系列新的研究问题。他们从独特角度来审视社会生活,关注女性在社会中的发展,具有重要的实用价值。

(一)妇女解放的前提是主体性回归

妇女解放的道路是漫长并且艰巨的,马克思主义女性主义理论者以资本主义文化为根源探究女性主体性的回归,试图为女性开辟一条新的道路,创造一个新型的性别文化。人作为认识活动的主体,只有自我意识的觉醒,才能实践自我,提升自我。马克思主义女性主义者以性别分工入手,让女性从传统的观念和心态中走出来,实现自我。正如波伏娃所说:"女人不是天生的,而是变成的。"女性的自我解放,能让其建立自我意识,女性的觉醒首先是从自我主体意识的觉醒开始的。因此,女性要想突破限制,实现解放,必须认识到自己奴役和被压迫的现状,并认识到深层次原因,树立起女性自尊、自强、自爱的主体形象,无论在封建的传统社会还是现代社会,无论何种文化的冲击和挑战,女性的解放意识唤醒,都需要自我主体性的彰显。这样才能树立起现代女性的性别意识和文化。

什么是人的主体性呢?人的主体性,简言之就是人作为活动主体所具有的一般属性、共同属性,是活动主体区别于一般人,特别是区别于活动客体的特殊性。虽然,主体这个哲学范畴具有多义性,但它总是含有同活动客体的被动、消极性相对应的能动的、积极创造的意思,同人的本能活动、盲目活动的自发性相对应的自觉、自主的意思。人的主体性,概言之,也就是指人作为活动主体在同客体的作用中所表现出来的能动性、创造性和自主性。[136]主体性体现这样三个特点:自我自律性、自觉主动性、自由超越性。女性的主体性是在社会实践中作为女性而体现出来的特征。马克思主义女性主义者把主体性的回归作为重点,主旨是女性在社会发展过程中一直处于他者、丧失主体性的地位。过去,我们的女性遵从社会上的传统道德的熏陶,男尊女卑、三从四德等文化深深根植于女性的精神之中,她们服从着这些教律带给她们的亲身体验,认同所处的生活状态,认同她们作为"他者"的地位,把这些认为是命中注定的,早就顺从历史的女人,她们被淹没在社会发展的洪流之中。女性完全丧失自我、丧失主体性。虽然中国已经推翻了封建旧制度,但新的文化不是马上就会颠覆女性的地位。固有的、根深蒂固的性别文化一直都在影响着女性的自我觉醒,女性主体性的回归还有着重重的障碍。

（二）妇女解放的基础是经济独立

恩格斯指出："妇女的个体家庭建立在公开的或隐蔽的妇女的家庭奴隶制之上,而现代社会则是纯粹以个体家庭为分子而构成的一个总体。……妇女解放的第一个先决条件就是一切女性重新回到公共的劳动中去;而要做到这一点,又要求个体家庭不再成为社会的经济单位。"[137] 可以这样理解,由于女性在经济上的不独立性,天然地决定了女性在家庭及社会上的不平等地位。马克思、恩格斯都试图从经济学的角度去分析女性受压迫的原因,女性只有获得经济独立,才可以不依赖于男性。许多妇女现被局限在家庭中,物质和精神的需求也是低层次的,较高的需求水平只能从丈夫或者孩子的手中获得,女性希望男人能成功,她本身也可以得到荣耀和地位,她们愿意在男人背后默默付出,做一个好妻子和好母亲。也有一些女性幻想依赖于男人的能力,凭借着男人获得自己经济上的富足,这样,女人把自己的命运交给了男人,失去了自己创造的能力,变成了附属品。一旦男人在家庭中的角色变化了,女人便失去了一切,甚至更多情况下,女人哀叹自己将所有的年华和精力都献给了家庭、孩子,却没有意识到自己在贡献这些的时候,也在渐渐丧失自我的人格和能力,一步步将自己推向生活的边缘。因此,她们精神空虚、抑郁甚至导致一幕幕悲剧的发生。女性因此成了悲剧性人物。妇女解放的第一步是妇女从家庭解放出来,重新回到社会公共领域。政治解放是妇女解放的重要方面,而经济解放则构成了妇女解放不可或缺的基础。因此,妇女成为一个悲剧人物。妇女解放的第一步是从家庭中解放出来,重回到公共领域。政治解放是妇女解放的一个重要方面,而女性的经济解放是前提,是不可缺少的。恩格斯指出:只要妇女仍然被排除在社会生产劳动,并仅限于从事私人家庭劳动,那么妇女解放就没有开始,女子与男子,现在和未来,那些还被束缚在家庭中的大量女性,只有参与到社会生产的活动中来,哪怕是仅仅的少量的工作,女性的解放道路才能由此开始。因此,在女性解放的众多乌托邦想象中,首先必须摧毁家庭,摆脱家庭的界限,换句话说,女性的解放必须先摧毁压迫自己的最根本的东西。

马克思主义女性主义还分析了女性在整个劳动力市场的现状,女性除了自身对工作的不积极之外,还有更重要的原因是劳动力市场上对女性的排斥和歧视。无论在发达资本主义国家还是在中国,女性在劳动力市场的歧视境况比比发生,真实存在。在中国,劳动力市场下男女竞争非常激烈,女性首先要必须改变自己的想法和态度,以积极的心态去应对现状。有些妇女被视为只是一个暂时的工作状态,为了结婚,为了家庭经常改变她们的工作或放弃自己的事业,对工作缺乏像男人一样的豪情壮志和雄心,更谈不上什么事业心了,因此在工作中毫无作为,其实她们不知道,只有在经济上的独立,自己能养活自己,才能从物质和精神上摆脱对男人的依赖。在当今竞争激烈,人们的生活环境的压力增加的情况下,女性的经济独立,才能获得各年龄段的人的尊重。此外,女性要想获得独立的稳定经济来源,必须不断学习科学文化知识,提高自身素质和劳动技能,从而在劳动力市场上获得竞争优势,只有这样才能适应经济、社会、科学文化飞速发展的需要,有些妇女被视为只是一个暂时的工作状态,为了结婚,为了家庭经常改变她们的工作或放弃自己的事业,工作上缺乏远大的抱负和野心,没有什么雄心勃勃,所以没有真正行动到工作中,其实她们不知道,只有在经济上获得独立,她们才可以养活自己,摆脱从物质和精神上对男人的依赖。在当今竞争激烈的环境中,人们的生活压力增大,女性只有经济独立了,才能获得青睐,获得尊重。另外,女性为了获得收入的独立和经济的稳定来源,必须不断地学习科学文化知识,提高劳动质量和劳动技能,获得竞争的优势,这是满足劳动力市场需求的唯一途径,也只有这样女性才能在职场长久稳妥地立足。

(三)妇女解放的保障是制度建设

马克思主义女性主义思想,推进了我们对妇女解放道路的认识和理解。一个国家的政治制度、经济制度决定了本国妇女的地位,而在资本主义制度下的妇女不能享有与男子同样的平等地位,也不能充分地通过各种法律制度,保护妇女的权利。只有在社会主义国家,我们才可以实现真正意义上的男女平等。尽管中国也还有一些妇女的权益没有保障的情况出现,妇女仍然没有完全走出家庭等等。但社会主义制度和资本主义下的妇女解放问题有着本质的区别,在社会主义制度下的妇女问题,可以通过不断完善社会主义制度,实现男女真正意义上的平等来解决。马克思主义女性主义者通过对社会制度性质的分析,提供解决女性问题的思路。女性问题是很复杂的,必须进行全面的体制结构上的构建。因此,我们必须加强制度建设,以保护妇女的权利。首先,只有法律法规健全了,保证妇女的各项权利,允许并鼓励妇女积极地投入到国家的政治、经济和文化生活中去并各尽其能,才能利用自己的政治权力,满足女性的需求,为自己的目标努力奋斗。中国妇女已经在解放的道路上积极前进,只要法律法规规定了女性的各项权利,女性是可以以自己的自立、自强走在解放的大道上。其次,加强文化道德体制建设,打破旧思想、旧习惯的限制,积极推进性别平等的政策,利用媒体宣传性别平等观念,在整个社会建立性别平等的文化价值,当前就是对社会主义核心价值观的贯彻和落实,让社会主义核心价值观入脑、入心,自由、平等、公正、法制的国家纲领真正落实到实处,让女性感受到平等的阳光,为妇女解放提供了一个良好的社会文化环境。再次,为有需要的妇女提供就业保障,救助体系的建立是一项长期工程,立法也是一个渐进的过程,社会救助涉及的面比较广。作为行政法规,之前制定了《城市最低生活保障条例》《自然灾害救助条例》《农村五保供养工作条例》,现在又出台了《社会救助暂行办法》,这是一个全面的规定,其中,医疗救助制度、教育救助制度、住房救助制度、就业救助制度以及临时救助制度等几项制度都是第一次以行政法规的形式确定。当前中国女性的就业形势严峻,女性仍然被限制在私人领域,国家应该出台相应的法律法规,用政策带动妇女就业,为女性就业提供社会条件和法律保障,努力消除在社会分工中的性别差异。此外要建立相应的社会保障制度,妇女作为社会的弱势群体,国家应该为广大妇女提供制度保障,使她们有困难的时候能够从国家和社会获得援助。

(四)妇女解放的条件是成立妇女组织

国外妇女运动早先以妇女小组的形式,维护自身的权利和利益。我国妇女的最大的组织就是妇女联合会(简称妇联),它不但是各级各类妇女组织的联合组织,而且本身也设有许多直属机构,如妇女研究机构、法律帮助机构、活动中心、基金会、书刊出版社、培训学校、妇女儿童服务中心等。除了妇联,还有其他妇女组织。如女企业家协会、女艺术家协会、女法律工作者协会、女知识分子联谊会、基督教女青年会、婚姻家庭研究会。可以说,目前中国的妇女组织已经初具规模,但在实际操作中仍有许多问题。这些问

题主要体现在:第一,妇女组织的发展要放眼未来。中国妇女的发展是在全球妇女共同发展之下的,不是孤立地发展,是世界妇女运动的一部分,我国特有的政治、社会观念、文化等多重影响为妇女组织的发展提供了广阔的空间,尤其要借助互联网络为妇女发展提供新型平台,为广大妇女提供交流和互动的媒介。第二,妇女组织的宣传。由于历史的、文化的、地理等其他因素的影响,我国妇女在受到不公正待遇时,要么忍气吞声,要么以一种极端的方式来解决,而不是去寻求妇女组织的帮助。因此,妇女组织应当通过多种手段广泛宣传本身的作用,帮助广大女性同胞树立维护权利和自我保护意识,并在女性遇到困难无路可走的时候为女性提供有效的帮助,从而树立妇女组织的威信。第三,妇女组织的实践的理论化。中国妇女组织和妇女运动的实践需要进一步理论化。很多学者都认为,中国妇女组织独特且丰富的实践经验的理论化,将会生产新的知识,这种新的知识不仅仅是妇女解放理论组织理论的发展,同时也是理解中国社会政治生活的新的规范性知识,中国妇女组织理论化,对挑战西方中心倾向具有重要的意义。[138]

二、马克思主义女性主义对当代中国女性发展的现实启示

马克思主义女性主义力图将马克思主义基本理论和女性主义理论有机融合,吸收二者的有益之处为我所用,在二者结合的基础上,寻找女性解放和独立的理论支撑,进而推动女性解放事业的实践。马克思主义女性主义将女性性别上的压迫作为阶级压迫的附属物来看待,女性要实现性别平等就要进行资本主义制度的变革。马克思主义女性主义吸收了马克思主义的阶级分析法,将它作用于激进女性主义者的父权制观点中,对父权制、资本主义进行了深入的分析,突出强调妇女受压迫的独立性问题,提出推翻资本主义和消除父权制是妇女解放的一个前置条件,马克思主义女性主义用一种全新的思维方式将阶级压迫和性别压迫综合起来,全面分析二者在资本主义社会中的作用模式,以此和理想社会的目标联合起来,她们的理论创新和实践探索为当代女性主义者思考女性未来生存与发展提供了丰富的经验和启示。

(一)坚持马克思主义妇女观,树立先进平等的性别理念

党的十八大明确要求,必须大力发展先进文化,培育和践行社会主义核

心价值观,这为我们从事女性文化建设、争取女性平等地位指明了方向。在我们国家以马克思主义为指导的意识形态领域中,广大社会科学工作者们在女性问题的关注和研究方面逐年深入,先后开展了社会主义先进文化的性别文化研究、女性问题研究、平等问题研究等,并将这些研究成果付诸实践,融入社会主义女性发展的伟大行动中。具体表现在:

1. 以马克思主义为指导,引导女性树立正确的"三观"

随着全球化时代的到来,文化理念变得多元化,人与人之间的交流也突破了以往狭小的界限,眼界和思路都扩宽了,先进文化的引入也带来了糟粕,各种腐朽思想、生活方式、价值观念正在慢慢住进人民的头脑中,有的已经影响了女性的价值取向和人生观,并对女性独立人格和情操的健康发展产生影响。面对复杂的形式,需要做好自我提升和自我构建工作。适应性地发现新问题、研究新情况、找到新办法,我们要在全社会形成优良价值观引导的风尚,坚持用马克思主义中国化的最新理论成果武装头脑,引导广大女性树立正确的"三观"。不断提高马克思主义在意识形态领域的指导作用,筑牢马克思主义权威地位,用女性视角引导妇女团体,防止社会价值导向的偏差、道德失范的流行,努力引导女性积极参与建设社会主义的新中国。

2. 高扬爱国主义精神,培育女性"四自"理念

我们国家一直重视精神文明的创建和指导,从国家层面,经历了提出创建社会主义核心价值体系到培育和践行社会主义核心价值观的过程。这个过程说明了意识形态领域工作的重要性、必要性。我们伟大的中华民族是个有着五千年悠久文明历史的民族,中华民族在历史的长河中形成了以爱国主义为核心的民族精神,这些优良的品质表现在自强不息、勤劳勇敢、团结一心的精神里。我们这些宝贵的精神财富必须发扬光大。因此在对女性的文化精神培育中,爱国主义精神应该放在首位。人们常说,没有国,哪有家,国破则家亡。我们要把爱国主义精神贯彻到思想政治教育的内容中来,在教育过程中增强女性对国家的情感、对自我身份的认同感、对社会的使命感和对他人的责任感。培育妇女"四自"理念,即:自尊,自爱,自强,自立。自尊是女性在精神上强大的首要条件,没有尊严的人是注定被鄙视的,女性

只有自己尊重自己,才会获得他人的尊重;自爱是女性自尊的重要保证,知道自己爱自己,才不会轻易被外物诱惑而丢掉了自己的尊严。自强和自立是对女性能力方面的要求,是女性实现自我价值的手段。自尊,自爱,自立,自强,是女性的四个法宝,女性树立了这个"四自"理念并付诸行动才能获得一个理想人格,才能和男性平起平坐。

3. 将性别文化的研究向纵深发展

从人类产生之日起,性别关系也就产生了,可以说性别关系是人类最基本的社会关系。在人类社会文化发展过程中,性别文化占据着一席之地,而且随着社会的发展,女性意识的觉醒,性别关系和性别文化呈现出越来越重要的趋势。性别文化作为文化的一部分,主要涉及的是男性和女性之间的社会特征,反映了他们在社会关系中的行为以及这些行为所涉及的伦理问题、民俗习惯、意识形态、经验常识等。因此要对性别文化进行深入研究需要使用历史、政治学、社会理论的方法,人类学和传播学等学科也要参与其中,在跨学科深入的分析和研究的基础上才能对性别文化有深层次的了解。进而更好地理解性别文化的形成过程,把握性别文化的价值判断和发展趋势,这是建设一个更加安全的先进的性别文化的理论基础。

根据马克思主义的观点,理论来自实践,又指导实践,性别文化是在漫长的人类实践中产生的,因此具有复杂性和多样性的特点。先进性别文化的建设同样是一个长期复杂的过程,我们要建设的性别文化是社会主义文化的一部分,是促进人类文明进步的文化,是争取实现男女平等的文化。在我国,女性的生存和发展还面临诸多困境:家庭暴力、就业歧视、参政水平、集体分配收益等问题对女性还是相当不利的,而且当女性的权益受到侵害时,很多都隐忍下来,特别是在高层次女性中表现的更明显,这些社会现象背后都隐藏着更深层次的文化原因。有专业人士对中国妇女社会地位的调查显示,虽然我国提出男女平等的基本国策已经多年,社会对女性认同也普遍提高,但是对于妇女的性别歧视现象在一定程度上仍然存在,"干的好不如嫁得好""男主内女主外"的理念其实从某种意义上来说就是对女性的歧视。对此,"要加强对性别文化的实践研究,更好地把握人们性别文化观念的变化,不同性别、职业、不同受教育程度和不同民族、地域的社会群体的性别观念的差异,更深刻地分析妇女在政治、经济、健康、教育、婚姻家庭等多个领域发展的文化制约因素,更有针对性地开展先进性别文化的宣传倡导,推动妇女的进步与发展。"[139]

(二)营造良好社会氛围,宣传推广性别平等的文化观念

全社会都应该积极培育和践行社会主义核心价值观,先进性别文化内涵必须融入社会公德、职业道德、家庭美德的建设工作中。通过宣传性别平等的法律和政策、知识、观念,提倡男人和女人在社会和家庭中平等共存、共同进步,促进性别观念和内容的先进文化的和谐发展,使职业之间,人与人之间特别是男人和女人之间相互尊重。把性别平等价值观的传播平民化,作为群众性文化活动的重要形式,探索新的思路,并为家庭、社会行为和道德建设提供新途径,增强先进性别文化的社会影响力,在全社会形成优秀性别文化氛围。同时坚决抵制歧视妇女的文化现象,阻断落后性别文化的传播渠道。绝对不允许丑化女性形象、侮辱女性人格、侵犯女性利益的事件发生,在多媒体环境下,营造男女平等的和谐声音以及社会和谐的文化氛围。在此基础上建立素质教育体系。高尚的人格养成,当然可以运用典型示范实现,但其本身的素质教育也不容忽视,这是我们目前缺乏的思想政治的要素之一。品格教育与传统教育的重点是放在教育和培训上,以传授知识和技能为主,人格教育注重人的全面发展和培育的个性,以帮助人们发挥潜能,探索自我,创造生命的意义。因此,大众的理想、信念和价值观文化视野对女性形象是一种贬损,加强素质教育,塑造人的高尚品格已成为当务之急。

1. 进行系统的个性教育,提高妇女的个人自我完善意识

健全的人格是众所周知的高层次的智慧和情商的协调,这种协调只有对女性进行系统的个性教育才能实现。在系统的个性教育下,女性理解了高尚人格的含义,增强了自我完善的主体意识。一方面,女人应该学会自尊、自重、自信,理解独立和平等对于女性的重要价值。就像马克思主义女性主义者们一直倡导的一样,女性和男性一样,她们生而平等,具有独立的价值,女性要学会自我欣赏、自我尊重,将自己作为独立的主体而存在,女性不再是男人的附属品,可有可无。我们经常说榜样的力量是无穷的,大众媒

体应正面宣传女性的典型案例,让女性懂得生命的价值和意义,强化高贵人格的力量。另一方面,我们要按照内外因的关系来对女性进行系统教育。"外因是变化的条件,内因是变化的根据,外因通过内因而起作用。"[140]每个人的良好道德品格和个人健康意识的个性,内在的情、意、行是以自己为条件的,得以充分发挥主体的作用。因此,我们应该进行系统的个性教育,引导妇女主动找到自己的个性弱点,寻找克服缺点的有效途径,不断构建完善的人格。

2. 强化健康人格的路径拓展

健康的人格不仅是通过内部协调来表现的,同时也在于性格内外的平衡,而这种协调与平衡并不是绝对的、静态的,而是随着社会的发展不断变化的。人格教育需要将外部环境和内部养成紧密搭配。单纯强调环境的灌输,而忽视内在的社会个体人格因素和思想性格,那么培育健康人格只能是一个"空火车"。因此,关注健康的人格,人格教育要拓宽教育路径。同样,建设和完善大众文化的女性人格必须通过各种方式来实现,克服妇女人格缺陷,需要社会各方面的力量加入进来。按照分工各司其职。比如在社会层面,应该做好宏观宣传教育,引导社会风尚,每个街道、社区应该对重点人群开展重点教育,强化人格培育;家庭作为社会最小也是最重要的细胞,构建和谐、有爱、高素质的家庭是必要和关键的。同时,对于女性健康人格的养成还需要适应和顺应时代特点,采取易于女性接受的方式,将启发式的教育和激发式的养成相结合,让女性养成健康的人格,和自我思考的状态。

3. 丰富人格教育内容,实现价值观的整合

人生观是一个人看待世界的立场、观点和方法。价值观体现一个人的信仰和理念。价值观和人生观是一个人真正走向现实生活的各个方面态度的展示,二者在意识形态方面规范和控制着人的行为,是一个人的精神面貌的根本要求。个性本质上是一个人的生命在日常生活中显示这个世界的认知。因此,加强女性人格教育离不开对价值观的构建和人生观的养成教育,这里又要谈一下社会大环境的影响因素,在全球化的背景下,市场经济远远超越了原来的想象,它在渗透着我们的生活,社会成为一个开放的、多元文化撞击的社会,在这样的环境下,必须引导女性建立正确价值取向,发展女

性健康的人格,这样既满足了主流价值观的要求,也达到了实现个体价值的目标。因此,素质教育的开展,将正确的价值观融入其中,对女性建立起独立的价值观和世界观是十分必要的。

（三）转变用人理念,树立平等的人才观

在中国,近年来的劳动力市场对女性的性别歧视依然存在,具体体现在以下几个方面:一是女性就业者的就业率远远低于男性。根据《中国劳动统计年鉴 2013》的数据显示,2012 年在全国总人口中男性所占的比例是51.3%,女性所占的比例是和 48.7%,但是在就业比率上女性明显低于男性。仅从城镇就业率的统计就可以看出问题,在城镇就业人口中女性就业比重仅占总就业人数的 35.8%,明显低于女性的自然人口比,更低于男性就业率。我们再看一下十年前这个数据:2002 年我国总人口中男性所占的比例是 51.47%,女性所占比例是 48.53%,这个变化不大,但是在就业比率上,城镇就业人口中女性就业比重占总就业人数的 37.8%。也就是说,十年间,男女人口比重基本没有发生变化,但是城镇女性就业人口却从十年前的37.8%下降到了十年后的 35.8%,可见女性的就业率随着经济的发展不是提高了,反而变得更糟了。二是女性人口的失业率远远大于男性。毕业即失业成为当前大学生们的自嘲。据教育部统计,2013 年我国大学毕业生是699 万人,比 2012 年多了 20 万,而 2002 年的大学毕业生不足 250 万人。2014 年高校毕业生更是达到了历史空前的 727 万人。这样的数字日益凸显出我们大学生就业难,在就业大军面前,在稀缺的岗位资源面前,女大学生就业尤为困难。三是职业薪金差距较大。我们国家一贯主张同工同酬,反对各种形式的女性歧视。事实是,同样的工作男性和女性做的一样出色,但是女性往往得不到与男性同样的工资待遇。根据中国女性的社会地位的调查数据显示,"在一线服务业中,女性收入只是男性收入的一半左右,而在一些被认为是高科技的管理和技术行业中,这个比例也没有高多少。"可见,性别歧视在我国劳动力市场上普遍存在。

马克思曾经说过:"每个了解一点历史的人也都知道,没有妇女的酵素就不可能有伟大的社会变革。社会的进步可以用女性(丑的也包括在内)的社会地位来精确地衡量…"[141]如今的女性经常被称为"半边天","半边天"

的作用却没有获得"半边天"的待遇,这从某种角度上也说明了封建社会和资本主义社会残余的存在。21世纪以来,中国特色社会主义事业的每一个领域都有广大女性的广泛参与,女航天员、女飞行员、女工程师、女特警部队,以前被看作只有男性的地方都有了女性的身影,女企业家占企业家总数的25%,女科技工作者占科技工作者的40%。而且由于女性的加入,凸显了这些领域与大众的亲和力和感染力。不仅如此,在农村,随着生产力的发展,体力劳动越来越多地走出了面朝黄土背朝天的农民生活,女性生产力逐步加大了力量,妇女成为我国农业生产的主力,超过农业生产劳动力的70%。总之,"中国妇女在全面建设小康社会和实现中国梦的进程里是不可缺少的力量。实现中国梦和实现中华民族的伟大复兴需要有意识和积极进取精神的广大女性的不断创新,追求卓越。全社会应当尊重妇女的主体地位,保障妇女的劳动权益,支持妇女广泛参与国家和社会事务的管理。"[142]

(四)加强政府立法工作,提供完善的制度保障

党的十八届四中全会提出要全面推进依法治国,建设中国特色社会主义法治体系,努力建设社会主义法治国家。这为女性权益保护工作提供了法律支撑。新中国成立以来,我国建立和不断完善了以《宪法》为根本法,以《妇女权益保障法》为主体的各种女性权益的法律和法规及地方性法规。可以说,从法律制度层面保障了性别平等,对于消除性别不平等的社会文化定型,培育和践行社会主义核心价值观发挥着重要作用。但是,反映落后的甚至腐朽的性别文化仍然存在,女性甚至被商业化,造成对公众的性别社会和文化影响的错误观念,我们应该看到社会仍处于更有效的法律和政策调整时期。这就需要不断健全法律、法规和政策措施,规范市场的文化多样性。在文化全球化、经济市场化和意识形态多元化的今天,"如何加强法律政策引导先进性别文化,抵制落后性别文化,消除性别歧视行为等方面的作用;如何加强对文化市场上各种腐朽的性别文化现象的法律制约、制度规范和监督管理,都是值得深入研究的问题。"[143]立法部门应该将法律调研的侧重点放在性别文化研究、女性权益保护和弱势群体立法方面。

法律规范的建立和有效执行是妇女权益获得充分保障的依靠。因此广大妇女组织指出,维护女性合法权利,使法律在具体操作中真正发挥作用是

当务之急。对于不执行、无视法律的行为要严惩不贷,只有这样女性的合法权利才能得到更充分的保护。那么问题又出现了,到底要建立什么样的法律法规? 在法律体系建立的过程中,妇女组织应该做好哪些工作? 一是应建立和完善就业和劳动力市场相关的法律和政策,增加法律法规的实际应用性。如在女性找工作方面建立招聘、录用、任职、晋升等环节平等对待女性,对违反男女平等原则的行为人、单位主体应给予明确的处罚的原则,在此基础上应建立专门的保护女性劳动者的劳动仲裁机构,让女性随时可以申请仲裁或诉讼,为女性劳动者提供更加便捷、低成本维权的渠道。二是要发挥民间自发力量的作用。现在国家大力支持自主创业,女性创业也成为就业的一个途径,创业企业可以建立创业项目联合体,对不同层次女性开放,这样既可以扩大项目也可以满足就业。在这个过程中需要企事业、科研机构和媒体相互合作,广泛宣传和强强联手,设立专门的“女性创业基金”,建议银行设立女企业家专项开发贷款,特别扶持资金困难的女性企业家,支持扶持女性自主创业项目。三是妇女机构和组织应当建立妇女权利的多级保护。当代中国直接保障妇女权益的组织只有妇女联合会,“有问题找妇联”已经深入人心,但是女性在出现问题时并没有“找妇联”,只是求助亲人和朋友的力量来解决,有的甚至求助于“情感谈话类节目”需求精神上的解答,这些都是隔靴止痒,没有正规的、权威的专业的组织机构来帮助女性,女性的问题得不到深层次的、科学合理指导,根本不能解决实际问题。这就要求全面建立法律、政府机构和非政府组织保护妇女的权利的机制,全面,有效地解决女性系列问题。

　　(五)妇女自身综合素质的提高

　　妇女自身综合素质是指妇女参与经济社会发展所表现出的能力和水平。当今世界的竞争表现在多方面,如经济的、政治的、综合国力的、软实力的,但是归结起来都是人的竞争,是人的素质的竞争。女性在人的素质养成中具有重要作用。女性不仅肩负着自己也肩负着人类的未来。因此女性素质高低至关重要。马克思、恩格斯在《神圣家族》中指出:“某一历史时代的发展总是可以由妇女走向自由的程度来确定,因为在男人和女人,男性和女性的关系中,最鲜明不过的表现出人性对兽性的胜利。妇女解放的程度是

衡量普遍解放的天然标准"。[144]因此,提高广大妇女的自身综合素质显得尤为迫切。提高妇女自身综合素质需要从以下几个方面开展:一是培养女性坚强的心理素质和抗压承受能力。二是提高女性的政治理论水平,增强驾驭问题、明辨是非的能力。三是提高女性的思想道德素养,不断更新观念,跟上时代步伐。四是提高女性的科学文化层次,通过在职学习、自学、系统学习,增强女性在社会工作、家庭地位中竞争能力。全面提高女性自身的综合素质,是一项复杂的社会系统工程,既需要良好的外部社会环境,落实相应的配套综合措施,更需要女性的自主性的确立,只有女性自我意识的觉醒才是根本症结。

当今的信息时代,女性不仅有各种各样的就业机会,女性在社会和文化生活中更是拥有重新塑造的机会。不过提高妇女的整体素质,还必须努力从教育入手,通过教育,使妇女能够提高平等、自我等意识,女性自身首先要了解女性作为人的基本权利,并保持一定的价值,在社会发展中充分发挥自己的潜能和创造力。女人是敏感、细腻的,这是女性的优势,然而,生活在群体中要努力克服这种敏感、细腻带来的缺陷,女性参与社会生活的能力培训,必须加强所有教育使妇女获得技能知识的方式,使女性的知识能够更好地参与社会工作,自己的知识应用到她们的个人生活,帮助妇女解决社会关系。不同层次的女性应提供不同的素质教育,因为中国还处在社会主义初级阶段,社会的发展是不平衡的,贫困地区的妇女所受到的教育是非常有限的,女性在这些地区依然很难摆脱传统观念的束缚,因此这里的女性不仅需要知识技能的传播,同时更需要现代女性意识的宣扬。从外部环境来看,我国各级妇联都积极采取措施,开展工作。2014年全国妇联发布的工作要点中指出"组织妇女参与'阳光工程'、现代新型职业农民培训、现代农业人才支撑计划等培训项目,确保妇女参训比例不低于40%。"[145]这是从女性科学文化水平和技能角度采取的措施。"实施百万新型女农民培养计划和千万女职工岗位成才计划,增强女性创业、就业本领。实施新型城镇化进程中女性文明素养提升计划,引导进城务工妇女转变思想观念、提高文明素养,更好融入城市生活,提高贫困地区妇女创业致富能力"。[146]这是从文化素养、道德素质的提高角度开展工作。总之,提高妇女综合素质是一项长期的工程,并不是一蹴而就的。我们应该把女性问题、女性的素养提升放在社会大背景下,作为提升全民族的现代意识的一项重要任务来看,不断提升女性在社会中的地位、营造全社会对女性的尊重和爱。

三、马克思主义女性主义对指导当代中国女性发展的现实局限

随着改革开放的深入和市场经济的不断社会化全球化,中国作为社会主义经济主体,以强大的冲击力成为全球经济、文化的主角。21 世纪以来,特别是全面建设小康社会的进程中,中国女性对自我的精神诉求、能力发展、社会认可及个性发展都达到了一个前所未有的新局面,这些构成了当代中国女性发展新的面貌。以波伏娃为代表的女性主义哲学家进入了中国人的视野。被誉为"西方妇女解放的圣经"的西蒙·波伏娃的《第二性》第一次系统地将女性主义理论引入中国,成为广大女性和女性主义者的"福音",但是,马克思主义女性主义毕竟是发源、发展于资本主义制度下的思想理论,在中国的发展壮大有具体的瓶颈。在当下中国社会的多元化的情况下,为适应社会转型,需要重新调整个人的生存位置和生存空间,在人的发展与重塑的过程中,对女性社会地位的历史和现状分析,中国女性也遇到了前所未有的生存发展局限。

(一)职业选择的局限

当今社会男性和女性在职业的选择上有天然屏障。多年来,人们的潜意识里形成了女性的固有职业类型:护士、服务员、教师、营业员等,而男性则是赋予威武、阳刚、责任的警察、工程师等职业。不同性别的天性形成男女两性特征这一概念。事实上,性别理论告诉我们,劳动力这个所谓的天生的性别分工是不存在的,在社会公平竞争下,所有人都有权利和义务去参与每一项工作的竞争,女性也不应该被过分保护。所以"依靠能力"是市场经济的基本特征,是个人生存发展的基础。然而,妇女在市场上面临的不仅有竞争力的问题,限制女性参与社会劳动竞争的最主要的是女性作为第二性的身份特征。而在发展中国家给妇女带来的直接影响就是就业问题,女性性别的局限呈现在职业选择的全过程。

1. 在就业过程中用人单位存在性别偏好

用人单位在招聘过程中有显著"性别偏好",男人是更愿意雇佣的工人,这已成为新中国成立以来普遍存在的现象。比如在各大招聘会现场,用人单位都会先要或者专门告知某职位只提供给男性,各大企业在招聘现场会对男性职员降低入门门槛,或者说某些职业是专门为男性设置的。一项调查显示:"1987 年,全国总工会女工工作委员会对北京、辽宁等 11 个省市自治区的 10 个行业的 660 家企业进行调查,在回答'对男女都适合的工种,您愿招男工、招女工或各占一定比例'问题时,660 位企业领导有 30.4% 回答'愿招男工',5.3% 回答'愿招女工',64.3% 回答'各占一定比例'。甚至在被认为是'女性职业'的 89 个纺织企业中,也只有 25% 的企业领导愿意招女工,而愿意招男工的企业达 37.5%。"[147] 如果政策是完全合法的,允许根据企业需要招募更多的员工,企业肯定会招聘更多的男性,女性面临更加严峻的就业挑战,女性的经济和就业处境可想而知了。还有,下岗职工的调查中,在 1987 年有最早的一批下岗职工,当时人数不是太多,在自愿选择下岗的职业中,女性占多数,当时的情况大概是女性因为创造较少的利润而选择在家从事家务劳动。相比于之前的下岗,1993 年的下岗大军才正式涌入,劳动部门公布的不太权威的资料显示:1993 年有下岗职工累计 300 万人,1994 年累计 360 万人,1995 年累计 564 万人,1996 年累计 815 万人,1997 年累计 1 152 万人,1998 年累计 1 714 万人,1999 年累计 2 278 万人,2000 年累计 2 699万人,到 2001 年 6 月累计 2 811 万人。下岗职工中女性人口的占比最多。女性比男性大约多 10 个百分点。再有,女性劳动力在就业市场常被当成补充劳动力,在企业的阶段性短缺工人时,作为劳动力的后备军被填补上去。而在招聘中,女性因固有的生育、育儿等职责被排斥在门外,理由是对孕产假期及哺乳期的假期,会给企业造成负担。学者将此称之为"妇女阶段性就业"。"阶段性就业"表面看是对女性的照顾,实则把女性"阶段性就业"作为"缓解就业压力的出路",把女性"当成劳动力的蓄水池"工具。[148] 仅仅是因为性别认同为女性,女性就被剥夺了工作的权利和在竞争中自我发展和完善的权利。

2. 就业水平及就业收入不平衡

第一,女性的职业水平及质量与男性不平衡。表现为女性的就业机会、职业选择过程及就业结果方面。我国在 1992 年修订了《中华人民共和国劳动法》《女职工劳动保护规定》等,在 2012 年出台了《女职工劳动保护特别规定》,现在的女职工人数由 5036 万上升到了一个亿,占职工总数 42.7%。而且这其中显然很大的增量部分是女农民工已经占女职工总数的 37%。《规定》中不仅在"劳动"层面体现了对女职工劳动权益的特殊保护和关爱,也在"人权"层面彰显了"国家尊重和保障人权"宪法理念的进一步深化。新规定出台后,引起了社会上的普遍关注,同时引发了诸多讨论。几经重新修订法律,目的在于建立男女平等的就业机会,但在实际实施中还存在许多问题,例如:妇女权益的保障措施及力度;相关立法的确定及执行;法律修改完善不能与时俱进等,这些原因导致了一定程度上女性就业的合法权益不能得到很好的保护。在现实生活中,政府各部门和企业的招聘职位,性别歧视依然存在。在许多技术领域,男性与女性的职位差别及分工差别比较明显,女性大多还都在中层位置,从事服务类型的职位。虽然,国家已经多次要求用人单位不准性别歧视,但是实际招聘及面试过程中还是存在性别差异所带来的职业选择障碍。尤其在高校女大学生就业问题及下岗女工再就业的问题上尤为突出。

第二,两性收入差距不平衡。女性收入少于男性。职业不同,收入自然不同。中国妇女社会地位调查数据显示,以 1990 年来说,12 个大行业人均年工资不同,最高的地质普查勘探业、交通邮电通讯业这两个行业每个职工年均收入 2902 元和 2520 元,最低的是农林牧渔和商业饮食物质供应仓储业,人均年工资分别为 1577 元和 1833 元。而在工资最低的两大行业中女性职工就占女性职工总数的 80.23%,比男性多 7.28 个百分点;在工资最高的两个行业中女性职工仅占 0.82%,男性则为 2.86%。近年来,由多项调查两性收入的差距数据,尽管各项数据都有其局限性,但都有一个共同特点:男性收入高于女性。原因也非常明显,就是职位的层次带来了收入上的差距。虽然劳动法已经规定要同工同酬,但是实际执行过程中存在太多差距。

第三,晋升机会的不平衡。女性领导在机关、企事业单位以及社会各个

领域中存在晋升机会的不平衡,也反映了社会上对女性升职的性别偏向。百度上有一图表可以证实这一现状:

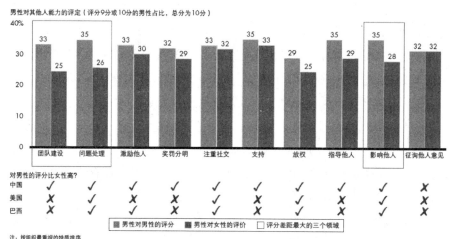

注:按组织最重视的特质排序
资料来源:2014年中国两性平等调查(n=473,仅男性);2014年美国两性平等调查(n=551,仅男性);2013年巴西两性平等调查(n=514,仅男性)

中国女性在职业生涯晋升时面临着三大挑战:家庭与事业的冲突;女性领导风格不同于男性,且男性通常都对其有偏见;企业及组织内部存在的偏见让女性进一步受挫。

(二)"身份认同"的困惑

转型时期,随着对新中国成立以后"男女一样"的解放了的女性形象的反省,曾经被彻底封存的传统女性形象跃出水面,再次作为塑造女性形象的范型被广泛宣传,西方女性主义在女性的困境中被引进,试图取他山之石解决中国的现实问题。这样,转型时期解放形象、传统形象、西化形象的并存及冲突,成为女性精神世界的一大困扰。

1."解放形象"与"男女一样"的困惑

"解放形象"是指新中国成立后到社会转型这一历史阶段所建构的女性形象。从新中国成立后一直到"文化大革命"结束,主流话语所倡导的解放了的妇女形象是:男女都一样。在这样一种形象的规范之下,就社会参与而言,女人和男人一样下矿井、上铁路、做野外工作;就日常生活而言,当时的女性习惯于掩盖所有的女性特征,所有的女性都不化妆,衣服也尽量穿得不显露第二性特征,打扮得跟男性一样,尽量不突出性别的差异。这种解放形象,在某种程度上忽视了女性的特殊命运、扭曲了女性角色,成为"文革"结束后女性十分沉重的话题。在现实生活中,男女真的是不一样的,社会上会用双重的标准来定义两性的身份,与男人同工,但是在工作中会显示女人的特性。李小江认为,这是使"中国妇女走上了一条进入男人世界、学做男人的解放之路……更多的女人却是在学做男人的道路上更深地丢失了自己,因为女人与生俱来的自然的性别因素不可忽视地存在。"[149] 在对"解放形象"的反省过程中,同时陷入对"男女平等"的困惑。基于 30 年的自身经验,女性的困惑是:平等是否同样适应于男女之间? 经过对历史的反省,不少学者认为,正是男女平等的尺度框定了妇女的"解放形象",使女性发展错位,在"解放"中失落了自身。李小江在《女人的出路》中总结了"男女平等"追求中女性发展的痛苦经验:"30 多年我们走过的道路,已经切身体验到'平等原则'在有性差别的男女之间造成的非公平效益。……它的结果不是解放妇女,而是造成一代(甚至几代)女性的深层身心创伤。"[150] 在女性自我发展过程中,如何理解平等在两性间的真正含义,如何走出解放形象的藩篱,成为我们要思考的问题,试问那些真正走过男女都一样的年代的人们,内心的体验真的是都一样吗? 还是各种酸苦、难以言表呢? 我们也试图在寻找这一答案,并且身为女性,亲身体验的结果往往是男女不一样。

2."双重角色"的扮演

今天的女性形象,那些曾经在私人领域做饭、带孩子的温柔体贴与在外面同男性一样以事业打拼的形象并存。女性既扮演着母亲、妻子的角色,同样也在向社会证明自己的一份担当与责任。米切尔的四种结构只是片面地定义了女性,因为在一个女人有限的职业生涯和经历下,不光要考虑母职、育儿及社会化的过程,女性既要考虑到照顾家庭,抚养孩子,想给孩子一个快乐的时光,温馨的家庭生活,又要实现事业上的自我价值,这对每一个女人来说都是面临的最大难题。鱼和熊掌,不可兼得,在多重角色面前,作为女性该如何选择和面对呢?《女人最痛》这部电视剧以职场为背景,真实讲述了三个女人在职场和家庭方面的种种难题,这是女人的真实写照。现今,多数女性也在面临着这样的职场冲突,要么回归家庭,照顾好儿女,要么忍受社会上赋予你的男性的本质特征,主人公幸福女人 Cash 家庭事业两得意,后来发现丈夫钱旷龙有外遇,为保全完美家庭的称号甘愿冒险成为高龄产妇,沙宛淇制造上位的机会,小秘书余漫悠对自己更失去自信,她一直为自己出众的身材而烦恼,形成她自卑及懦弱的性格。虽然,在现实生活中,有些女性也选择了两者兼顾,但她们往往饱受着家庭和社会工作的折磨,或者缺乏时间和精力在学习或参加就业培训上,不能全心全意地从事自己热爱的工作。或者为了妊娠、分娩和母乳喂养中断自己的职业生涯,而重新进入劳动力市场时,女性需要做出更大的努力。

"双重角色",让现代女性都陷入在各种角色之间的泥潭。因此,妇女在家庭中的传统角色就是妻子和母亲,而参与政治活动和社会管理事业是一种现代社会给予女性角色的新的分工。但是,这并不意味着女性可以逐步同家庭分离,社会上也要求妇女履行家庭职责,男人们更是注重用母亲和妻子的规范来审视女性。因此,我们可以看到,不管女性愿意不愿意,时代的发展在客观上要求女性要形成符合时代要求的崭新的品格和气质,做"双重角色"的承担者。[151]时代的发展,中国女性(职业女性)经历着前所未有的身份认同。她们清楚地看到自己在社会中可以负担得起的角色,同时也意识到,她们可以承担起自己独特的家庭角色。她们力争成为完整的,而承受生活中带来的巨人压力。然而,社会上的套用男性的标准来衡量女性,使得女性身心疲惫,导致她们无法证实自己获得精神的愉悦以致在原地徘徊。

(三)个性发展的精神局限

现代与传统、东方和西方文化的交融,使当代中国女性处于个性发展的局限之中。一方面,传统文化赋予女性的特质她们不能抛弃,另一方面受到西方文化对女性参与政治及社会活动的影响,夹在中间的女性要张扬个性、做真正的女人实在困难。因此,现代和传统的交错致使中国当代女性形成了独特的个性特征 —— 性格的双重性,处在跨越中西文化的焦点上,左右为难,无所适从。独立发展的个性的主要特征要求主体性和独立性的发展。由于妇女在历史上形成的客观性、差异性、附属性的地位,使得以主体性人格发展为核心,对妇女来说,意义重大。女性自主的、独立的、独特的人格的形成,首先有赖于女性独立主体意识的确立。只有女性建立自己的独立的主体意识,才能通过积极的探索和实践,获得建立自己在社会关系中的独立地位,进而在一定程度上控制自己的生活条件,造成女性相应程度晋升为主体的能力。其次,有赖于女性独立自主的主体的发展。女性只有获得独立生存的能力、驾驭自身所处的社会关系的能力,以及主宰自我精神世界的能力,才能在心理上、物质基础上真正获得个性的解放,形成独立的人格。

独立发展的个性需要独特的个体人格的发展。不可否认,男人和女人之间的差异是不同的,个体独特性构成性别的重要组成部分。经过一段时间的无性别的历史,社会更加强烈呼吁真正的女性,有"女人气质"的女性的回归,"男人和女人都一样"的文化价值观越来越受到批评和否定。总之,社会、文化、女性自身都要求彰显女性的独特性,批判把女性消融在男性之中。个性的三个方面,自主性、独立性、独特性是相辅相成的。然而,就女性个性发展而言,现实的状况是,表述不清的所谓"女性特征",由于与女性的自主性、独立性的发展相互冲突,制约着女性独立自主个性的形成,这是女性在发展个性、主体性上的困扰。"天津师大一项对本校、南开大学、北京大学女大学生的问卷调查中发现,只有10%的女性渴望成为女强人,9%的女性认为女强人可钦佩,其余都持否定态度"。

注释:

[136] 袁贵仁 韩震.求索,1988,4:48.

[137] 马克思恩格斯选集(第4卷)[M].北京:人民出版社,1957:72.

[138] 金一虹.妇女组织:回顾与展望中国妇女组织和国际妇女研究研讨会综述[J].妇女研究论丛,2010,9:101.

[139] 陈至立.深入开展先进性别文化研究为社会主义文化大发展大繁荣贡献力量[J].妇女研究论丛,2012,11:6.

[140] 毛泽东.矛盾论[M].北京:人民出版社,1975:32.

[141] 马克思恩格斯选集(第4卷)[M].北京:人民出版社,1957:586.

[142] 中国妇女第十一大报告.http://www.gmw.cn/.

[143] 陈至立.深入开展先进性别文化研究为社会主义文化大发展大繁荣贡献力量[J].妇女研究论丛,2012,11:6-7.

[144] 马克思恩格斯全集(第二卷).北京:人民出版社,1957:249.

[145] [146] 全国妇联发布 2014 年工作要点. http://www. people. com. cn/.

[147] 潘锦棠.经济转轨中的中国女性就业与社会保障[J].管理世界, 2002,7:.

[148] 蒋永萍.世纪之交关于"阶段就业"、"妇女回家"的大讨论[J].妇女研究论丛,2001,2:24.

[149] 李小江.解读女人[M].江苏人民出版社,1999:119.

[150] 李小江.女人的出路[M].辽宁人民出版社,1989:71.

[151] 李金花.当代中国女性发展的现实境遇问题探析[J].兰州学刊, 2013,7:106.

参 考 文 献

著作及论文：

[1] 马克思恩格斯选集.第1-4卷.人民出版社,1978年版.

[2] 马克思恩格斯全集.人民出版社,1979、1980年版.

[3] 马克思 恩格斯 列宁 斯大林.论妇女.人民出版社,1978年版.

[4] 1844年经济学哲学手稿,人民出版社.2000年版.

[5] 汤尼·白露著.沈齐齐译,李小江审校.中国女性主义思想史中的妇女问题.世纪出版集团.人民出版社,2012年版.

[6] 玛丽·沃斯通克拉夫特.女权辩护.商务印书馆,2007年版.

[7] 约翰·斯图尔特·穆勒.妇女的屈从地位.商务印书馆,2007年版.

[8] 郑永福,吕美颐.中国妇女通史.杭州出版社,2010年版.

[9] 荒林.男性评判.广西师范大学出版社,2004年版.

[10] 罗斯玛丽·帕特南·童.艾晓明译.女性主义思潮导论.华中师范大学出版社,2002年版.

[11] 李银河.妇女:最漫长的革命——当代西方女权主义理论精选.北京,生活·读书·新知三联书店,1997年版.

[12] 戴雪红.女性主义对资本主义的批判:立场、观点和方法.光明日报出版社,2010年版.

[13] 艾里斯·杨.社会主义的女性主义和二元制度理论的局限.原载社会主义者评论,1980年版.

[14] 马尔科姆·沃特斯.现代社会学理论,杨善华译.北京:华夏出版社,2000年版.

[15] 凯瑟琳·凯勒.走向后父权制的后现代精神.北京:中央编译出版社,1998年版.

[16] 罗斯玛丽·海纳西.概念的设定.曾茗译.钟雪萍,劳拉罗斯克主编:越界的挑战:跨学科女性主义研究.上海:上海社会科学出版社,2003年版.

[17] 李银河.女性主义.济南:山东人民出版社,2005年版.

[18] 阿莉森·贾格尔.女权主义政治与人的本质.段忠桥主编,孟鑫译.高等教育出版社,2009年版.

[19] 王维、庞君景.20世纪西方马克思主义思潮.首都师范大学出版社,1999年版.

[20] 麦克拉肯等.女性主义理论读本.桂林:广西师范大学出版社,2007年版.

[21] 秦美珠.女性主义马克思主义.重庆出版社,2008.年版.

[22] 莉丝·沃格尔.马克思主义与女性主义受压迫:趋向统一的理论.高等教育出版社,2009年版.

[23] Jean Bethke Elshtain. Public Man, Private Woman. Princeton University Press, 1981年版.

[24] 海蒂·哈特曼.马克思主义和女性主义不幸的结合:迈向更进步的联合.妇女与革命:对马克思主义和女性主义不幸结合的讨论.莉迪亚?萨金特编.Boston:South End Press, 1981年版.

[25] 约瑟芬·多诺万.女权主义的知识分子传统.赵育春译.南京:江苏人民出版社,2003年版.

[26] 李小江.解读女人.江苏人民出版社,1999年版.

[27] 李小江.女人的出路.辽宁人民出版社,1989年版.

[28] 薇尔·普鲁姆德.女性主义与对自然的主宰/走向生态文明丛书.重庆出版社,2007年版.

[29] 孟鑫.国内学者对西方女权主义七个流派的评介[J].教学与研究,2001年版.

[30] 顾燕翎.女性主义理论与流派[M].台北女书文化有限公司,1996.

［31］于布礼、孙志成．卢梭作品精粹［M］．河北：教育出版社，1990．

［32］李银河．女性主义［M］．山东人民出版社，2005．

［33］凯特·米利特．性政治［M］．江苏人民出版社，2000．

［34］艾晓明．女性主义思潮导论［M］．华中师范大学出版社，2002．

［35］菲斯克．女权主义、社会主义和历史唯物主义［J］．外国社会科学，1983．

［36］马尔科姆·沃特斯．现代社会学理论［M］．北京：华夏出版社，2000．

［37］凯瑟琳·凯勒．走向后父权制的后现代精神．北京：中央编译出版社，1998．

［38］巴里．亚当．后马克思主义与新社会运动［M］．北京：中央编译出版社，2007．

［39］麦克拉肯等．女性主义理论读本［M］．桂林：广西师范大学出版社，2007．

［40］王政、杜芳琴．社会性别研究选译［M］．北京：三联书店，1998．

［41］沃格尔著、虞晖．马克思主义与女性受压迫：趋向统一的理论［M］．高等教育出版社，2009．

［42］约翰·穆勒著．妇女的屈从地位［M］．商务印书馆，1996．

［43］Alison M. Jaggar、Paula S. Rothenberg. Feminist Frameworks. New York：McGraw‐Hill，1984．

［44］Kate Millett. exual Politics. Garden City，N. Y.：Doubleday，1970．

［45］Shulamith Firestone. The Dialectic of Sex. New York：Bantam Books，1970．

［46］Jacques Derrida. riting and Difference. Alan Bass. Chicago：University of Chicago Press，1978．

［47］Toril Moi. Sexual/ Textual Politics：Feminist Literary Theory. New York：Methuen，1985．

［48］Kaplan，Gisela. Contemporary Western European Feminism. London：UCL Press，1992．

［49］Jacques Derrida. Spurs：Nietzsche's Style. Chicago：University of Chicago Press，1979.

［50］A. M. Jaggar，I. M. Young. A Companion to Feminist Philosophy. Mass：Blackwell Publisers，1998.

［51］Christine Delphy. The Main Enemy：A Materialist Analysis of Women's Oppression［M］. London ：Women's Research and Resources Publication，1977.

［52］Ann Foreman，Femininity as Alienation ：Women and the Family In Marxism and Psychoanalysis，London：PlutoPress，1977.

［53］Julia Kristeva. Desire in Language. Leon Roudiez. New York：Columbia University Press，1982.

［54］AlisonM. Jaggar：Feminist Poliitesand Human Natuer，TheHvareCstr press，NewJersey. 1983.

［55］Julia Kristeva?. Powers of Horror. New York：Columbia University Press，1982.

［56］Juliet Mitchell. Psychoanalysis and Feminism. New York：Vintage Books，1974.

［57］虞晖.性别分工和女性受压迫问题［J］.探索与争鸣理论月刊，2008，9.

［58］虞晖.社会再生产语境中的女性受压迫问题［J］.妇女研究论丛，2007.6.

［59］孟鑫.国内学者对西方女权主义七个流派的评介［J］.教学与研究，2001，3.

［60］戴雪红.性别与阶级——当代西方女权主义诠释女性解放的两种角度［J］.学术论坛，2000，1.

［61］菲斯克.女权主义、社会主义和历史唯物主义［J］.丁耀琳译.外国社会科学，1983，5.

［62］叶苗.略论当代西方马克思主义女权主义［J］.江西社会科学，2002，5.

［63］金一虹.妇女组织：回顾与展望中国妇女组织和国际妇女研究研

讨会综述[J]．妇女研究论丛，2010，9.

[64] 潘锦棠．经济转轨中的中国女性就业与社会保障[J]．管理世界，2002，7.

[65] 蒋永萍．世纪之交关于"阶段就业""妇女回家"的大讨论[J]．妇女研究论丛，2001，2.

[66] 李晓光 吴小慧．从异化劳动到性别异化——马克思异化理论的发展[J]．北京科技大学学报，2008，12.

[67] 戴雪红．他者与主体：女性主义的视角[J]．南京社会科学，2007，6.

[68] 戴雪红．父权制与当代资本主义批判—女权主义的理论透视[J]．妇女研究论丛，2001，6.

[69] 孟鑫．对西方女性从属地位问题的新认识——威尔克米利卡当代政治哲学中的女权主义观评[J]．学术界，2001，2.

[70] 孟鑫．社会主义女权主义的女性解放理论分析[J]．科学社会主义，2009，6.

[71] 顾成东．马克思的分工理论与中国当前的社会分工[J]．经济研究导刊，2008，19.

[72] 金一虹．妇女组织：回顾与展望中国妇女组织和国际妇女研究研讨会综述[J]．妇女研究论丛，2010.

[73] 陈至立．深入开展先进性别文化研究为社会主义文化大发展大繁荣贡献力量[J]．妇女研论丛，2012，11：6.

[74] 中国妇女第十一大报告．http://www.gmw.cn/.

[75] 全国妇联发布2014年工作要点．http://www.people.com.cn/.

[76] 潘锦棠．经济转轨中的中国女性就业与社会保障[J]．管理世界，2002，2.

[77] 蒋永萍．世纪之交关于"阶段就业"、"妇女回家"的大讨论[J]．妇女研究论丛，2001，2.

[78] 李金花．当代中国女性发展的现实境遇问题探析[J]．兰州学刊，2013，7.

［79］陈一筠．西方女性主义派别及其对现实问题的探讨［J］．妇女研究论丛 1992，1．

［80］满珂．社会性别研究中的"父权制"概念探讨［J］．民俗研究，2013，2．

［81］郑加敏等．家务分工与性别收入差距：基于文献的研究［J］．2014（1）

［82］王玲珍 肖化．中国社会主义女性主义实践再思考——兼论美国冷战思潮、自由/本质女性主义对社会主义妇女研究的持续影响［J］．妇女研究论丛，2015，3．

［83］胡玲．"国外马克思主义女性主义理论发展与创新研讨会"综述［J］．哲学动态．2013，5．

［84］李小林．马克思主义女性主义批评的理论形成和逻辑延伸［J］．妇女研究论丛，2000，5．

［85］罗月婵．马克思主义妇女观研究综述［J］．临沂大学学报，2011，5．

［86］戴雪红．女性主义的立场研究述评［J］．马克思主义研究，2010，2．

后　记

　　女性问题从诞生之日起就围绕着女性境遇问题开展讨论。时至今日，现代社会仍然以男性为中心，女性受压迫的问题依然存在。马克思和恩格斯两位革命导师，以人类的解放和实现人的自由全面发展为己任，把妇女解放融入人类解放的进程中，充分体现了对女性问题的关切。但是每个命题都离不开它所处的时代环境，当今社会的变化日新月异，女性问题发展到今天有了新的时代背景，出现了新的问题，需要新的解答，马克思主义女性主义责无旁贷地承担了这一责任。马克思主义女性主义运用在批判继承其他女性主义的理论精华过程中，形成了自己独特的理论开放体系。虽然对女性受压迫的问题上还存在很多矛盾，甚至马克思主义女性主义内部也存在着各种理论之间的分歧。但是他们仍然回答了激进女性主义无法解答的生理差异的问题，也突破了单纯从生理差异性来谈论和分析女性受压迫的原因的狭隘性。

　　马克思主义女性主义学者提出了女性在阶级社会中必须突破家务劳动的樊篱进入社会生产领域从事生产活动，获得独立的经济来源和社会地位，才能实现自身的真正解放。马克思主义女性主义继承了传统马克思主义的历史唯物主义和阶级理论，探索了女性受压迫的根源和解决问题的途径，其中重点探讨了资本主义和父权制对女性产生的影响。马克思主义女性主义在对传统马克思主义妇女理论批判的基础上，提出了富有时代性的理论。其中，米切尔提出了"社会总结构"概念，提出在生产、生育、性关系和儿童社会化这四种结构整体性作用之下，女性处于受压迫和被剥削的境况。她承认马克思主义的经济决定理论，但同时也强调其他方面的因素也很重要。只有同时消灭这四种结构，女性才能得到彻底解放。艾里斯·杨则明确地

马克思主义女性主义理论解读
Makesi Zhuyi Nüxing Zhuyi Lilun Jiedu

用"性别分工"取代阶级的范畴,把它作为核心范畴来分析女性受压迫问题。杨认为,用性别分工理论可以使人们更加清晰地看清阶级、统治、生产和分配之间的相互关系,从中又可以发现女性受压迫的现象。杨对二元制进行了批判,认为资本主义和父权制不是独立的制度,它们是同质的、一体的,是一种制度。而贾格尔则采用了马克思早期的异化理论,并对异化的概念进行适当的延伸。通过异化理论的分析,贾格尔描述了女性受压迫的现状,提出了实现妇女生育的自由,建立女性主义的立场和独立的妇女组织等主张。以玛格丽特·本斯顿为代表的马克思主义女性主义者提出了家务劳动社会化。科斯塔和詹姆斯提出了家务劳动计酬制的主张。

马克思主义女性主义思想为中国的女性主义理论发展和实践行动开启了新的起点。随着马克思主义在中国意识形态领域的主导地位的确立,马克思主义女性主义也成为中国女性指导自身解放的武器。当然,作为一种文化思潮,西方女性主义激活了长期沉睡的中国女性意识,它向中国女性打开一个广泛的西方女性主义的话题,为中国女性主义建立自己的理论体系指明了方向,中国的女性主义终于在若干年后能够沿着女性解放的道路健康发展,开创中国女权运动的新局面。中华民族有着五千年的悠久历史,封建社会的思想也影响了五千年,"男尊女卑""三纲五常"的性别不平等思想观念早已经在国人的脑海里根深蒂固。女性自我意识的觉醒、女性主体地位的争取、女性自身权益的保护是长期的课题。中国女性主义思想的主要来源是马克思主义女性主义。新中国的成立,无产阶级政权的建立,使人民当家做主,中国女性也获得了最大限度的解放,给予女性平等的尊严和权利。然而,我们应该清醒地看到,妇女受压迫的问题并不是女性主义提出的单纯的阶级原因或者性别原因,它是一个多方面构成的系统问题,应该作为一个社会问题予以关注,并需要系统的理论和实践的探讨。阶级解放也就是"人类解放",是妇女解放的先决条件。

马克思主义女性主义在思想理论上是建立在马克思主义的基础上的,它对马克思主义理论的丰富和发展具有积极作用,对资本主义的批判具有时代意义,在关于女性遭遇、处境、解放等问题上的深入探讨,提出了很多独具匠心的理论思想,为当时各国的女性解放运动提供了有价值的参考意见,是女性主义理论发展史中浓墨重彩的一笔。当然,不可否认的是马克思主义女性主义也存在着内在的局限性,但是马克思主义女性主义探索妇女解放事业的不屈不挠的精神是值得肯定和弘扬的。因此,我们必须学习、吸收马克思主义的女性主义理论和西方各流派的女性主义思想理论这两种资源,建立符合中国国情和社会主义核心价值观的女性主义理论体系,为中国女性的独立、自主、自由、解放贡献力量。

总之,在对马克思主义女性主义进行梳理的基础上,笔者总结了马克思主义女性主义的理论价值。这种理论价值就是马克思主义女性主义在研究方法上和分析问题的角度上有所创新,在面对新问题的时候提出了自己的新理论,从而丰富和发展了马克思主义妇女理论和传统的女性主义理论。马克思主义女性主义的女性问题研究为解决新时期女性的问题提供了重要的理论参考。笔者把它和当今的女性问题结合起来,对当代女性问题的研究具有实践意义的启示作用。

作为一个学子、一个在职女性、一个母亲和妻子,在知识的感召和强烈求知欲的驱动下,克服在职学习的巨大困难,充分利用业余时间,先后赴北京、上海等地高校查阅资料,请教专家学者,为撰写而砥砺前行,个中甘苦与收获,将成为人生中永远珍存的财富。

感谢我的导师徐晓风教授、段虹教授的悉心指导,学术上的悉心塑造,倾注了大量的心血,作为您的学生,我心里充满了感激和敬佩之情。感谢哈尔滨师范大学研究生学院的领导和同事们,给予我的宽容、理解、支持与帮助,让我有更多的精力去完成撰写工作。

学无止境,爱无止境。我将珍惜和感恩这一切的美好。

2016 年 6 月 26 日